Pe. Diogo Albuquerque

# Famílias
# EM ORDEM
# DE BATALHA

*Salve sua família de joelhos*

ANGELVS
EDITORA

Dados Internacionais de Catalogação na Publicação (CIP)
(Câmara Brasileira do Livro, SP, Brasil)

---

Albuquerque, Diogo
    Famílias em ordem de batalha / Diogo Albuquerque.
-- São Paulo : Angelus Editora, 2022.

    Bibliografia.
    ISBN 978-65-89083-18-4

    1. Família - Aspectos religiosos - Igreja Católica
2. Fé 3. Orações 4. Orações eucarísticas - Igreja
Católica 5. Salvação 6. Vida espiritual I. Título.

22-99114                                    CDD-248.32

---

Índices para catálogo sistemático:

1. Orações : Cristianismo    248.32

Aline Graziele Benitez - Bibliotecária - CRB-1/3129

7ª edição
# FAMÍLIAS EM ORDEM DE BATALHA
Salve sua família de joelhos

Copyright
© Angelus Editora - 2021

Direção editorial:
Maristela Ciarrocchi

Revisão:
Tatiana Rosa Nogueira Dias

Capa, projeto gráfico e diagramação:
Thiago Lucio

Fotos:
Arquivo pessoal do autor

ISBN: 978-65-89083-18-4

# SUMÁRIO

Apresentação     5
Prefácio     9

## FAMÍLIAS EM ORDEM DE BATALHA – PARTE 1
Capítulo 1: Estamos em Batalha: acorde,
é hora de despertar!     15
Capítulo 2: Família: um projeto de Deus     23
Capítulo 3: O desafio de ser família
nos dias hodiernos     33
Capítulo 4: Deus levanta Combatentes     43

## FAMÍLIAS EM ORDEM DE BATALHA – PARTE 2
Capítulo 5: Contra quem lutamos?     53
Capítulo 6: Elabore uma estratégia:
vida de Oração     61
Capítulo 7: Use as armas certas: Os Sacramentos:
Reconciliação e Eucaristia, Palavra de Deus,
Virgem Santíssima, Vida dos Santos     67
Capítulo 8: Fortes e Corajosos como Josué     97

## FAMÍLIAS EM ORDEM DE BATALHA – PARTE 3
Roteiro de Oração Salmos e Santos
para a restauração familiar     103

## FAMÍLIAS EM ORDEM DE BATALHA – PARTE 4
A Santa Missa – O Testemunho
de Catalina Rivas     185

# APRESENTAÇÃO

*Lutar pela família é lutar pela Igreja e pela própria Civilização!*

Com alegria acolhi o convite do meu irmão no Ministério, Padre Diogo, para apresentar tão importante obra de apostolado junto às famílias. Alegria pela demonstração de consideração e amizade, assim como pelo teor da própria obra.

Conheço o padre Diogo há alguns anos e mais proximamente desde que é pároco em Franco da Rocha. Tenho acompanhado a intensidade do seu apostolado paroquial e especialmente nos meios de comunicação, instrumentos formidáveis para a Nova Evangelização. É natural que a dedicação ao apostolado conduza às instâncias da família. É o que vemos nesta obra.

O Padre Diogo, com a sensibilidade que lhe é própria, constrói a sua obra em três partes como um verdadeiro plano de batalha. E, assim sendo, primeiramente procura mostrar com toda clareza possível que a família está imersa num combate e que esse combate tem duas características fundamentais: ele é de ordem espiritual e é, antes de tudo, contra a Igreja, porque destruir a família é desferir um duro golpe contra a Igreja. Os inimigos conhecem o alicerce da Igreja, por isso tentam atacá-la por meio da família.

Uma vez definido o combate, sua ordem e contra quem ele se dá, a segunda parte da obra, discorre sobre quem é o inimigo de verdade: não é o cônjuge alcóolatra, não é o filho drogado, não são os parentes perdidos no mundo. Sem essa percepção, corre-se o risco de que a própria família vire um campo de batalha e seus membros combatam entre si. Aliás essa é uma das estratégias do inimigo: "Todo reino dividido contra si mesmo acabará em ruínas" – dizia Nosso Senhor (Mt 12, 25).

Desmascarado o verdadeiro inimigo das famílias e suas artimanhas, é hora de elaborar a estratégia de guerra e buscar as armas corretas para vencê-lo. Assim entramos na terceira parte do livro "Famílias em ordem da batalha" que é um instrumento formidável para o fortalecimento e a vitória da família. Essa terceira parte não só elenca as armas e tece o fio de ouro da batalha como propõe práticas tanto para a família, caso seja possível, quanto de forma individual. "Pois a vitória na guerra não depende do tamanho do exército, mas da força que vem do Céu" (1 Mac 3, 19). E todo aquele que combate por Deus, com Deus e em Deus não terá outro fim senão a vitória. Mas até lá é preciso combater!

Nossa Senhora, Rainha das Famílias e Auxiliadora dos Cristãos, ajude você, caro leitor a obter os melhores frutos de salvação para si e para sua família! E também recompense o querido padre Diogo por tão nobre e urgente apostolado junto às famílias!

*Pe. Alexandre Alessio, CR*

# PREFÁCIO

Quando o Padre Diogo, me pediu prefaciar este livro, me senti extremamente honrado, devido, primeiramente à nossa amizade fraterna, mas também porque sabia que vindo de quem vinha, com certeza viria coisa boa, coisa muito boa.

Família em ordem de batalha, não é apenas uma frase chavão, ou um apelo sensacionalista. Não, não é mesmo. Família em ordem de batalha é um verdadeiro indicativo, para onde se querem caminhar as famílias nos nossos tempos, se verdadeiramente queremos ter e ser família, segundo o plano de Deus.

Isso já nos leva a uma chamada de atenção: Estamos em Batalha: acorde, é hora de despertar. Pois enquanto estamos muito preocupados com nossos próprios interesses, muito se está fazendo contra a instituição familiar. Muito se está fazendo para destruir aquilo que é mais Sagrado, e que se tornou ainda mais Sagrado, quando o Filho de Deus escolheu se encarnar e nascer no seio de uma família.

Por isso, a família não precisa de defesa, mas de promoção. Promover a família naquilo que ela realmente é: um projeto de Deus. Projeto este que tem sido atacado e deturpado por Satanás e por seus "secretários". E isso, não é nenhuma novidade, pois uma parte da Mensagem de Nossa Senhora de Fátima, relata que, nos últimos tempos o grande alvo de Satanás contra Deus seria a família. Por isso, vemos tantos e tantos ajuntamentos de pessoas que se dizem família, nascendo e crescendo por aí, e tantos e tantos bombardeios contra a instituição familiar, com a frase estampada nas testas: isso é modernidade.

Por isso, o grande desafio de ser família nos dias hodiernos, nada mais é que: ser família. Voltar a ser família, voltar aos ritos familiares, de sentar-se a mesa, de partilhar, de confiar, de dar tempo ao outro, que está ao meu lado, e que sempre esteve, e sempre estará.

Conscientes de tudo isso, Deus tem levantado combatentes. E é isso que o Padre Diogo sugere para que o caro leitor possa aceitar: ser combatente contra tudo aquilo que ameaça a família, ameaça a instituição sagrada familiar. Você aceita este desafio? Você aceita este convite que o Padre Diogo fará nas páginas que seguem?

Se você aceitar, a primeira coisa que devemos saber, é contra quem lutamos. Você sabe quem é o grande inimigo da família? É ele mesmo que só vem para matar, roubar e destruir. Sim, ele mesmo: Satanás. Mas para que não nos assustemos e nos defendamos, ao vê-lo, ele sempre vem disfarçado de tantas outras formas mais atraentes e mais bonitas: em leis aprovadas nas Supremas Cortes do mundo; em produtos que chegam facilmente em nossas casas; em novas formas de nos relacionarmos; em novas formas de cuidar da saúde; em documentos exigidos para podermos ter acesso a lugares públicos; em novas formas cuidar e educar os filhos; em novas formas de unir conjugalmente pessoas etc. etc. etc.

Para entrarmos numa guerra, é preciso, antes de tudo, verificar se temos: armas para lutar e uma estratégia de guerra. Nesta guerra que o Padre Diogo nos apresenta, a melhor estratégia de guerra é a vida de oração. O que é rezar? O que é ter uma vida de oração? O que é se munir com as armas para podermos lutar contra o inimigo que quer assolar nossa família? Perguntas estas, que sempre chegam a nós padres: como rezar?

Para mim, oração não é uma ação, mas uma postura. Não se deve rezar, mas se ter uma vida de oração e uma intimidade com Deus. Afinal de contas, rezar não é, nunca foi e nunca será uma obrigação, nem um refúgio somente para as horas de necessidade. Não, rezar não é isso. Rezar é um grande privilégio, que cada um de nós temos, de poder nos aproximar, falar e ouvir o Deus Todo-Poderoso e Criador do Céu e da Terra.

Esse Deus, nos deixou tudo, para quem quiser ter acesso a qualquer momento, em todo lugar e em qualquer situação: a Sua amada Esposa Igreja: com os sacramentos, a Sua Palavra, Sua Mãe Santíssima, e a vida dos milhares e milhares de santos e santas de Deus. O grande problema, ou melhor, a grande estratégia de Satanás, é nos fazer desacreditar da Igreja Una Santa Católica e Apostólica, fazendo surgir a cada esquina "igrejinhas de porta de garagem", que não tem a verdadeira intenção da Igreja fundada por Jesus Cristo, mas sim, os interesses pessoais dos seus fundadores. O pior, é que tem gente que ainda cai no conto destes charlatões. Vejamos além daquilo que olhamos, e veremos tudo aquilo que está por detrás de todas as ofertas que chegam até nós, e que com muita facilidade caímos como "patinhos na lagoa de jacarés".

Acorde!!!! Acordem famílias!!!! É preciso estar atento e querer combater. Pois se não combatermos, seremos arrasados pelas sujeiras que crescem a cada dia, bem pertinho de nós. Por isso, é preciso se levantar, famílias em ordem de batalha.

Para encerrar trarei uma palavrinha sobre o autor que conduzirá o caro leitor nas próximas páginas. Eu conheci o Padre Diogo nos primeiros dias após a sua ordenação sacerdotal, quando, por ocasião do encontro PHN, na Canção Nova em Cachoeira Paulista, ele se hospedou em minha casa, quando ali morei.

Logo que o vi, vi um "meninão" recém ordenado sacerdote, com um desejo profundo de fazer a vontade de Deus. Nasceu ali uma grande amizade, e uma paternidade da minha parte. Tive a oportunidade e a grande graça e responsabilidade de entrar na vida e na alma do Padre Diogo e assim, conhecer suas lutas, suas fragilidades, suas vitorias e seus anseios de Céu.

O "meninão" cresceu, e se tornou um grande sacerdote, um grande pastor de almas, que aos poucos foi conciliando seu ministério sacerdotal com a música, e agora com a escrita bibliográfica.

Por isso, as páginas que se seguem, não são apenas escritos de um sonhador ou de um amador. Não, em hipótese alguma. As páginas que se seguirão, são frutos de oração, de lágrimas, de escutas e principalmente de um coração que quer chegar ao Céu, e levar tantos e tantos outros, para lá também.

Deus abençoe, caríssimo leitor, você e toda a sua família.

*Padre Anderson Marçal Moreira*
Comunidade Canção Nova

# PARTE 1
# CAPÍTULO 1

# ESTAMOS EM BATALHA:
## ACORDE, É HORA DE DESPERTAR

Uma das realidades que não podemos deixar de tratar quando falamos sobre o tema da família, é justamente, o grande combate espiritual que travamos todos os dias, para mantermos nossa casa, nossa família em pé. Muitos são os desafios e até mesmo as realidades humanas e espirituais que precisamos perceber, a todo instante, perto de nós.

O fato, de não conseguirmos identificar essa grande batalha, não significa que ela não aconteça ou até mesmo não exista. Há muitas realidades que não vemos, que não materializamos, mas que interferem diretamente sobre a nossa vida humana, como, por exemplo, as leis da física. Não conseguimos ver a força gravitacional que atua sobre o Planeta Terra, mas, mesmo não a vendo, e tocando, todos somos de alguma forma atingidos por ela. Isso também acontece na esfera humana e espiritual em que estamos inseridos.

Desde o dia do nosso Batismo, trava-se uma grande disputa por nós. De um lado temos os anjos de Deus, que lutam a nosso favor, seja para nos proteger, seja para nos auxiliar no crescimento espiritual da nossa alma, em virtude e piedade; e do outro, temos os anjos maus, demônios, que a todo tempo nos rodeiam, como nos garante São Pedro:

*"Sede sóbrios e vigiai. Vosso adversário, o demônio, anda ao redor de vós como o leão que ruge, buscando a*

*quem devorar. Resisti-lhe fortes na fé. Vós sabeis que os vossos irmãos, que estão espalhados pelo mundo, sofrem os mesmos padecimentos que vós." 1Pd 5, 8-9.*

Deste modo, sobriedade e vigilância devem marcar nossa vida neste mundo, pois, nosso adversário não cansa e nem descansa. Sobriedade no nosso modo de viver e enxergar a realidade que nos circunda, vigilância em todos os aspectos de nossa vida moral, religiosa e humana. Ser sóbrio é não viver uma vida regada de exageros, mas pautada, no essencial.

Como nosso mundo tornou-se apegado aos exageros, a ideia de lutar pelo que é essencial está, cada vez menos, presente em nossas prioridades e escolhas. Vivemos a todo instante motivados a abundância, e sem perceber, esse ser humano que foge da sobriedade, se percebe cada vez mais vazio, cada vez mais um poço sem fundo.

A insatisfação com a vida, com a família que temos, com o lugar onde moramos, e até com o *smartphone* que possuímos, revela o quanto estamos fragilizados interiormente e, o quanto carecemos de fundamentos sólidos, em que poderemos sem medo, edificar, construir nossa casa. Lugar onde poderemos sem medo manter aqueles que mais amamos, e que desejamos ver no Céu: nossa família.

Padre Diogo, mas por que falar de batalha, de combate, de guerra? Vamos tratar de algo mais ameno, mais leve, mais *cult*. Não seria melhor falar de bênçãos e prosperidade? Ou até mesmo, o senhor nos apresentar uma oração poderosa que seja curta, rápida, eficaz, sem sofrimento e que ainda me garanta uns trocados? Estamos mesmo em guerra?

Sim, estamos e o professor Peter Kreeft, nos alerta:

> *"Que diferença faz saber que estamos em guerra? Primeiro de tudo, significa viver na realidade e não no engano. Segundo, significa ter uma chance de vencer. Se um lado sabe que está em guerra e o outro não sabe, que lado você acha que vencerá? Terceiro, significa uma mudança radical de consciência, de perspectiva, de valores. Imagine o choque de crianças correndo em campos primaveris, perseguindo borboletas, quando elas subitamente percebem que estão em um campo minado, que o que elas pensavam ser borboletas são projéteis vivos no ar. A consciência da guerra repentinamente se instala, com uma prontidão e uma atenção práticas, e também um senso de perspectiva e de valores muito prático. As pequenas coisas já não parecem tão grandes, e o que é grande (vida e morte) não parece mais tão pequeno e distante."* (KREEFT, 2017, Pág 25-26)

Sim, é a partir de constatações tão importantes e pertinentes como essas, apresentadas pelo professor Peter, que precisamos levar em consideração, a necessidade e a urgência de nos posicionar. Não podemos mais agir de modo ingênuo, como se nada estivesse acontecendo, ou como, se tudo o que está acontecendo, seja normal.

É preciso tomar consciência que combatemos e lutamos contra um sistema e inimigo, que ainda que invisível, possui um alto poder de destruição. Nesse sentido, ignorar a guerra que estamos vivendo já é colaborar, para que ela continue e cresça cada vez mais forte, em nossa sociedade, em nossa Igreja e principalmente em nossas famílias.

Em Fátima, Nossa Senhora já havia nos alertado para a necessidade de protegermos nossas famílias, de lutarmos por sua santificação e do ódio do demônio contra essa instituição divina, bem como, contra todos aqueles que a tentasse defender:

> *"O confronto final entre o Senhor e o reino de Satanás será sobre a família e sobre o matrimônio. Não tenha medo, porque qualquer um que trabalhar pela santidade do matrimônio e da família será sempre combatido e contrariado de todos os modos, porque este é o ponto decisivo. No entanto, Nossa Senhora já lhe esmagou a sua cabeça".*[1]

Falar sobre estas questões, entrar neste campo de batalha significa estar pronto para a retaliação e rejeição, pois, a ditadura do "politicamente corre-

---

1. FRATRES IN UNUM. Irmã Lúcia: "O confronto final entre o Senhor e o reino de Satanás será sobre a família e sobre o matrimônio".

to, nos amordaça e não permiti-nos, que possamos falar abertamente sobre o que está acontecendo, e vamos de tempos em tempos percebendo, que cada vez mais temos menos direito de falar, de defender o que para nós, são valores invioláveis. Nosso Senhor já havia nos alertado a este respeito, quando nos lembrou no Evangelho de São João:

> *"Se o mundo vos odeia, sabei que me odiou a mim antes que a vós. Se fôsseis do mundo, o mundo vos amaria como sendo seus. Como, porém, não sois do mundo, mas do mundo vos escolhi, por isso o mundo vos odeia." Jo 15, 18-19*

Devemos nos alegrar se formos odiados pelo mundo, isto será um autêntico sinal, para nós, de que estamos lutando do lado correto, que estamos certos nas nossas escolhas e posicionamentos, pois resolvemos agradar a Nosso Senhor e não ao príncipe deste mundo, nem tão pouco, os homens. Quem é o cristão neste cenário?

Não podemos abrir mão da nossa grande missão, continuar apresentando ao mundo, aquilo que nos pediu Nosso Senhor, isto é, Ele mesmo, Palavra viva e verdadeira, de onde decorre tudo o que temos e somos. Precisamos ser luz, o cristão foi chamado a iluminar o mundo, não a se ofuscar diante dele, compactuando com ideias e pensamentos que atentam diretamente naquilo que professamos e cremos.

Há muitas pessoas que estão se destruindo, que estão se perdendo, e destruindo sua casa e família, por não existir mais no nosso meio, profetismo, martírio, em prol da Verdade, que acreditamos: Nosso Senhor Jesus. Muitos hoje se desviam do caminho do Céu, justamente por não existir mais, quem as alerte do grande perigo que correm.

Precisamos ser sal, ou seja, este mundo está cada vez mais insosso, sem sabor. Perdemos com o passar dos anos e as concessões que fomos, cada vez mais fazendo, aos modismos e culturas produzidas ao nosso redor, o gosto pela vida. É por isso, que temos visto frequentemente as pessoas tratando a vida humana, como um objeto, como um acidente e em muitos casos até uma ameaça aos seus interesses e projeções. O aumento significativo das práticas destrutivas da nossa dignidade humana: aborto, suicídio, automutilação, entre outras, são um exemplo disto.

O que fazer? Por onde devemos recomeçar? Em quem devemos acreditar? Quem devemos ouvir? Onde buscar a devida e segura orientação? Precisamos voltar para nossa base, para o fundamental, para o lugar de onde nunca deveríamos ter saído, nosso fundamento, a verdade acerca do que é a família dentro do grande plano e projeto de Deus. É sobre isso que vamos falar adiante.

# CAPÍTULO 2

# FAMÍLIA:
## UM PROJETO DE DEUS
### DEFINIÇÃO DE FAMÍLIA, SUA MISSÃO

A família é um projeto, um sonho de Deus para cada um de nós. Todos nascemos de uma família, e não podemos ignorar, que esta verdade fundamental, precisa ser novamente comunicada ao mundo. Pois, o que percebemos, infelizmente, no mundo em que vivemos, que a todo instante tenta roubar de nós e dos nossos, esta certeza, de que é iniciativa de Deus e não nossa a existência da família.

Em sua encíclica *Familiaris Consortio*, São João Paulo II, grande santo dos nossos tempos e um grande defensor da família, nos diz:

> *"Queridos por Deus com a própria criação, o matrimônio e a família estão interiormente ordenados a complementarem-se em Cristo e têm necessidade da sua graça para serem curados das feridas do pecado e conduzidos ao seu «princípio», isto é, ao conhecimento pleno e à realização integral do desígnio de Deus. Num momento histórico em que a família é alvo de numerosas forças que a procuram destruir ou de qualquer modo deformar, a Igreja, sabedora de que o bem da sociedade e de si mesma está profundamente ligado ao bem da família, sente de modo mais vivo e veemente a sua missão de proclamar a todos o desígnio de Deus sobre o matrimônio e sobre a família, para lhes assegurar a plena vitalidade e promoção humana e cristã, contribuindo assim*

*para a renovação da sociedade e do próprio Povo de Deus."(Familiaris Consortio, 3)*[2]

Aqui está certamente, mais do que claro e obvio, que tratar da questão da família não é, ou não deveria ser, só uma preocupação da Igreja Católica, mas da sociedade como um todo, uma vez que, como célula fundamental da sociedade, aquilo que a família produz, isto é, os seus frutos, os seus filhos, serão os cidadãos que o mundo receberá. É o que nos assegura, a *Christifidelis Laici*, de São João Paulo II,:

*"Trata-se de um empenho que só poderá ser desempenhado adequadamente na convição do valor único e insubstituível da família para o progresso da sociedade e da própria Igreja. Berço da vida e do amor, onde o homem « nasce » e « cresce », a família é a célula fundamental da sociedade. Deve reservar-se a essa comunidade uma solicitude privilegiada, sobretudo quando o egoísmo humano, as campanhas contra a natalidade, as políticas totalitárias, e também as situações de pobreza e de miséria física, cultural e moral, bem como a mentalidade hedonista e consumista conseguem extinguir as fontes da vida, e onde as ideologias e os diversos sistemas, aliados a formas*

---

2. https://www.vatican.va/content/john-paul-ii/pt/apost_exhortations/documents/hf_jp-ii_exh_19811122_familiaris-consortio.html

> *de desinteresse e de falta de amor, atentam contra a função educativa própria da família. É urgente, portanto, realizar uma ação vasta, profunda e sistemática, apoiada não só na cultura, mas também nos meios econômicos e nos instrumentos legislativos, destinada a assegurar à família a sua função de ser o lugar primário da « humanização » da pessoa e da sociedade. (Christifidelis Laici, 40)*[3]

Isto é, a responsabilidade pela família, sua conservação e formação deve ser pauta de nossas reuniões, de nosso esforço conjunto, pois está na base familiar, a manutenção do nosso presente e a construção do nosso futuro.

Os filhos de hoje, serão os adultos de amanhã e sucessivamente, os responsáveis, por aquilo que o nosso mundo será. Eles estarão presentes no mundo, realizando seu papel social, com tudo aquilo que aprenderam em casa, ou seja, com os valores ensinados em sua primeira e fundamental educação, aquela realizada pelos pais e/ou responsáveis.

Se aprenderam e tiveram bons e verdadeiros valores, é exatamente isto, que transmitirão e serão, em todas as suas relações, no seu ambiente de trabalho, de estudo, e no convívio com os demais. Mas caso, esta não seja a sua história e possibili-

---

3. https://www.vatican.va/content/john-paul-ii/pt/apost_exhortations/documents/hf_jp-ii_exh_30121988_christifideles-laici.html

dade, o que entregarão? O que apresentarão para o mundo e a sociedade?

Eles entregarão aquilo que receberam. Temos aqui um ponto complexo a ser explorado, pois se a sua formação fora deficitária, receberemos a sua revolta e frustração, e colheremos, a longo prazo, seus amargos frutos. O que percebemos é que, os filhos mal formados estão se comportando, cada vez mais, como crianças mimadas, que não querem crescer, assumir responsabilidades, e deste modo, nunca serão adultos de verdade, de caráter e de respeito. Serão para sempre a geração infantil e infantilizadora, que por tudo sofre e a nada resiste.

Ou seja, precisamos cuidar da formação humana, integral, intelectual, cultural, moral das nossas famílias, pois, é exatamente a formação que as nossas famílias receberem que forjará aquilo que elas serão.

Nisto consiste nossa grande preocupação, quais tem sido as fontes onde nossas casas tem se alimentado e buscado se formar? Quem são as referências oferecidas como alimento espiritual e intelectual, para os nossos? Esta resposta será fundamental para entendermos a realidade que nos circunda, pois, se quisermos entender o mundo em que estamos inseridos, e explicarmos, o que temos presenciado todos os dias, em nossa sociedade, não devemos olhar para fora da família, mas para o seu interior.

A este respeito nos ensina, nosso querido Papa emérito, Bento XVI: *"Educar nunca foi fácil, e hoje parece tornar-se sempre mais difícil. Sabem-no bem os pais, os professores, os sacerdotes e todos os que desempenham responsabilidades educativas diretas. Fala-se por isso de uma grande "emergência educativa", confirmada pelos insucessos com os quais com muita frequência se confrontam os nossos esforços para formar pessoas sólidas, capazes de colaborar com os outros e dar um sentido à própria vida".*[4]

A família não é criação humana, não é uma invenção da Igreja Católica, mas um projeto sonhado e concretizado no coração do nosso Deus, ela nasce do seio da Trindade, que a quis, a desenhou e criou, pois entendeu que não haveria melhor lugar para a geração da vida e daquilo que nós, como sua imagem e semelhança, somos, do que a Família.

A família é obra de Deus, é algo tão sublime e divino, que o próprio Deus, quis que seu Filho, tivesse uma família. Nos ensina o Catecismo da Igreja Católica, no paragráfo 2203: *"Ao criar o homem e a mulher, Deus instituiu a família humana e dotou-a da sua constituição fundamental. Os seus membros são pessoas iguais em dignidade. Para*

---

4. https://www.vatican.va/content/benedict-xvi/pt/letters/2008/documents/hf_ben-xvi_let_20080121_educazione.html
5. https://www.vatican.va/archive/cathechism_po/index_new/p3s-2cap2_2196-2557_po.html

o bem comum dos seus membros e da sociedade, a família implica uma diversidade de responsabilidades, de direitos de deveres.[5]

O Papa Francisco em seu discurso à Federação Europeia das Associações Familiares Católicas (FAFCE), nos recorda que, para a Igreja, a Família é um tesouro inestimável, e não uma peça de museu, ultrapassada e de valor saudosista: *"As famílias não são peças de museu, mas através delas se concretiza o dom no compromisso recíproco, na abertura generosa aos filhos e no serviço à sociedade. Deste modo as famílias são como um fermento que ajuda a fazer crescer um mundo mais humano, mais fraterno, onde ninguém se sinta rejeitado e abandonado. A sua atividade se resume no serviço integral à família, célula fundamental da sociedade"*.[6]

A Família também possui uma missão, ou seja, ela é chamada a ser uma Igreja Doméstica, onde formará para o Céu os seus membros, pois deste modo, ela realizará de modo sublime a sua vocação. Ao se entregarem um ao outro, por meio, do Sacramento do Matrimônio, homem e mulher, assumem diante de Deus, da Igreja e da Comunidade Cristã, o compromisso com a vida, com a Igreja, bem como, a missão da salvação dos seus.

---

6. https://pt.zenit.org/articles/papa-lembra-aos-europeus-a-familia-e-um-tesouro-precioso/

No entanto, para cumprir esse lindo designo deixado por Nosso Senhor, as famílias precisam estar prontas, para enfrentarem com a força da sua fé, com uma formação doutrinal e intelectual sólida, e com o seu testemunho cristão, os inúmeros desafios que se apresentam todos os dias a cada um de nós, de sermos família.

# CAPÍTULO 3

# O DESAFIO
## DE SER FAMÍLIA NOS DIAS HODIERNOS

São Paulo, em sua Carta aos Romanos, nos apresenta uma urgência para os nossos tempos, a não conformidade com a mentalidade presente e reinante, no mundo. Para ele, a verdadeira e autêntica conversão (Metanóia) está relacionada, a uma mudança de mentalidade, ou seja, uma transformação radical e completa, nascida no nosso interior e refletida, em um novo *'modus vivendi'*, um novo modo de viver e agir:

> *"Eu vos exorto, pois, irmãos, pelas misericórdias de Deus, a oferecerdes vossos corpos em sacrifício vivo, santo, agradável a Deus: é este o vosso culto espiritual. Não vos conformeis com este mundo, mas transformai-vos pela renovação do vosso espírito, para que possais discernir qual é a vontade de Deus, o que é bom, o que lhe agrada e o que é perfeito."* Rm 12, 1-2.

A régua com a qual medimos a nossa vida, a partir de então, do nosso encontro pessoal com JESUS, com suas escolhas e prioridades, já não é, o que queremos, ou desejamos, mas aquilo que quer e deseja nosso Deus, a nosso respeito. Nisto consiste, de fato, ser CRISTÃO.

Tudo que fuja disso, é uma traição a esta sublime e perfeita vocação, a qual, todo batizado é chamado a viver. Como cantamos na antífona da noite da Vigília Pascal: *"as coisas antigas já se passaram, somos nascidos de novo"*. Se esta verdade pascal está presente em nós, não podemos viver indiferente, ao chamado que recebemos de continuarmos a missão de Nosso Senhor, que lutou bravamente contra o mal e o pecado, pois sabia, as consequências letais, que ambos trazem ao coração, a alma do ser humano.

Nascidos de novo, para um novo tempo, para um novo mundo, para os "Novos Céus e uma nova Terra", que somos convidados e convocados a transformar, por meio, do nosso testemunho e apostolado, no poder do Espírito, conquistando-a para Nosso Senhor, eis a nossa missão, eis a missão da família católica.

Ancorados na sólida doutrina que da Santa Igreja recebemos, isto é, o que aprendemos como formação religiosa, avançamos com confiança sobre as realidades, espirituais e humanas, que estão diante dos nossos olhos, e nossas famílias, tentando-a perverter, e tirá-la do seu curso natural, para evangelizá-las e trazê-las, à luz de nosso Senhor Jesus Cristo e de sua Igreja.

Nosso encontro com Nosso Senhor só será real, se, a partir dessa experiência, também chamada de *Kerigma*, cada um de nós, assumirmos um novo jeito de viver, um novo estilo, permitindo que o "homem novo", nascido da água e do Espírito, reine e governe o "homem velho", com as suas paixões desordenadas e concupiscências.

Precisamos estar atentos e conscientes que a batalha travada não é visível, material, como muitos possam pensar. Ela é invisível, travada no campo das "ideologias", ela é cultural, pois se fosse material e localizada, em um único ponto, seria facilmente vencida, justamente porque seria facilmente identificada, reconhecida e deste modo combatida.

Veja o alerta que fez o Papa Francisco em seu discurso no Encontro das Famílias, Manila, Filipinas, 15 de janeiro de 2015,

> *"Existem colonizações ideológicas que procuram destruir a família. Não nascem do sonho, da oração, do encontro com Deus, da missão que Deus nos dá. Provêm de fora; por isso, digo que são colonizações. [...] E assim como os nossos povos, num determinado momento da sua história, chegaram à maturidade de dizer não a qualquer colonização política, assim também como família devemos ser muito sagazes, muito hábeis, muito fortes, para dizer não a qualquer tentativa de colonização ideológica da família. [...] A família está ameaçada também pelos crescentes esforços de alguns em redefinir a própria instituição do matrimônio mediante o relativismo, a cultura do efêmero, a falta de abertura à vida."* [7]

Dentre os terríveis desafios que esta cultura do descartável, do líquido têm nos imposto, travestida de progresso e liberdade, destaca-se a mais nociva de todas, a ditadura do relativismo. Por que a trato como a mais terrível?

---

7. https://www.vatican.va/content/francesco/pt/speeches/2015/january/documents/papa-francesco_20150116_srilanka-filippine-incontro-famiglie.html

Justamente por colocar em xeque, aquilo que para nós cristãos católicos, é um valor inegociável, imutável e que não podemos deixar de afirmar: a Verdade, para nós, não é uma ideia, uma filosofia, uma corrente intelectual, mas uma Pessoa, ou seja, Nosso Senhor Jesus Cristo.

Em sua memorável homilia na Santa Missa *Pro Eligendo Romano Pontífice* – 18 de abril de 2005, sua santidade o Papa emérito Bento XVI, com coragem e ousadia discreta, marca de seu pontificado, nos alertou sobre este mal:

> *"Quantos ventos de doutrina conhecemos nestes últimos decênios, quantas correntes ideológicas, quantas modas de pensamento...A pequena barca do pensamento de muitos cristãos foi muitas vezes agitada por estas ondas lançadas de um extremo ao outro: do marxismo ao liberalismo, até à libertinagem, ao coletivismo radical, do ateísmo a um vago misticismo religioso, do agnosticismo ao sincretismo e por aí adiante. Cada dia surgem novas seitas e realiza-se quando diz São Paulo acerca do engano dos homens, da astúcia que tende a levar ao erro (Ef 4,14). Ter uma fé clara, segundo o Credo da Igreja, muitas vezes é chamado de fundamentalismo. Enquanto o relativismo, isto é, deixar-se levar "aqui e além por qualquer vento de doutrina", aparece como a única atitude à altura dos tempos hodiernos. Vai-se constituindo uma ditadura do relativismo que nada reco-*

*nhece como definitivo e que deixa como última medida apenas o próprio eu e as suas vontades."*[8]

É preciso resistir, e ao assumirmos nosso papel e apostolado, como cristãos nestes tempos sombrios, não nos esquecer que, o mundo que em vivemos, se encontra na triste situação atual, justamente pela omissão daqueles de quem, a defesa da Verdade, não deveria ser opcional, mas antes um princípio.
Como Igreja de Jesus Cristo, precisamos assumir essa responsabilidade, pois, um dia seremos cobrados por Nosso Senhor, pelas obras que realizamos, mas também, pela omissão que assumimos, em situações concretas, em que nosso profetismo necessitava falar, mas que fora silenciado, pela nossa covardia ou receio de romper com o *status quo*, e o politicamente correto.

Em sua primeira parte, o Catecismo da Igreja Católica nos recorda, que o desejo da VERDADE, ou seja, de Deus mesmo, está presente no interior do ser humano, e foi colocado lá, justamente por Nosso Senhor, que deseja que todos tenham acesso a Ele, a Verdade Revelada, pois, disto depende a nossa salvação. Ele não veio, para condenar, mas para salvar o mundo, como nos garante, São João em seu evangelho, Jo 3,16-17.

---

8. https://www.vatican.va/gpII/documents/homily-pro-eligendo-pontifice_20050418_po.html

> *"O desejo de Deus está inscrito no coração do homem, já que o homem é criado por Deus e para Deus; e Deus não cessa de atrair o homem a si, e somente em Deus o homem há de encontrar a verdade e a felicidade que não cessa de procurar: O aspecto mais sublime da dignidade humana está nesta vocação do homem à comunhão com Deus. Este convite que Deus dirige ao homem, de dialogar com ele, começa com a existência humana. Pois se o homem existe, é porque Deus o criou por amor e, por amor, não cessa de dar-lhe o ser, e o homem só vive plenamente, segundo a verdade, se reconhecer livremente este amor e se entregar ao seu Criador."*[9]

Cada vez mais afastada de Deus, tanto mais triste, vazia e sem sentido será a vida do ser humano. Ao matar a metafísica e as realidades eternas, a filosofia moderna e existencialista, mata o que de mais belo existia dentro do ser humano, o desejo do Céu.

O homem agora não tem mais seus olhos voltados para o alto, para o eterno, mas tornou-se escravo de uma vida, cada vez mais materialista e imanente, sendo deste modo, escravo de si mesmo e na maioria das vezes dos "ismos" decorrentes da sua própria ambição, tais como: ceticismo, consumismo, individualismo, hedonismo, narcisismo, neopaganismo etc.

---

9. https://www.vatican.va/archive/cathechism_po/index_new/p1s1c1_26-49_po.html

Sem contar, que a ambição adâmica de "querer ser como Deus", continua ganhando força, nos vários seguimentos da sociedade, entre os intelectuais e principalmente entre os homens da ciência, que fazem do poderoso e bonito dom, que diga-se de passagem, Deus lhes deu, para a todo instante desafiá-lo e tentar provar a sua inexistência, e deste modo, a inutilidade de assumir uma religião, um credo, uma fé.

Em nome do progresso e dos avanços nas tecnologias fomos tirando cada vez mais das pessoas, o direito de serem pessoas, de serem gente, e ao sermos invadidos pela ideia frenética da produção, do lucro, e da prosperidade, vamos sacrificando os valores, antes, tão importantes e fundamentais à nossa família, como por exemplo, a santificação do Dia do Senhor.

O Domingo, era por assim dizer, o dia de ir a Santa Missa e se confraternizar com os nossos, naqueles grandes almoços de família. Mas, isto tudo saiu de moda, é coisa do passado, é coisa caduca. Não tem mais tanta importância.

Trocamos esses momentos, pelas horas a mais na empresa, no trabalho, visando mais entradas, para alimentar nossa síndrome de possuir e acumular mais, pois nos disseram e convenceram, que a verdadeira felicidade, não esta em sermos santos, mas antes, em termos muito, em acumularmos sempre mais e mais, em consumirmos tudo que vermos pela nossa frente.

São as perdas significativas destes valores, associadas ao mistério da iniquidade, ou seja, a terrível manifestação do demônio e seus anjos no mundo, que as nossas casas e famílias se encontram cada vez mais, tristes, apáticas, doentes, e sem esperança, julgando e promovendo a ideia de que, não há mais solução, que não há mais jeito, que tudo irá daqui, pra pior.

Mas, será que é esse mesmo o nosso destino? Será que está tudo perdido mesmo? Não há o que fazer? Temos que aceitar tudo isto, e aplaudirmos, como se tudo fosse já encerrado?

# CAPÍTULO 4

# DEUS LEVANTA COMBATENTES

Em minhas orações nestes primeiros anos de ministério presbiteral, há algum tempo, Deus sempre me incomodava, justamente em relação a necessidade de dar uma resposta, a tantas realidades que a mim eram confiadas, pelos aconselhamentos e confissões, bem como, por aquilo, que na dinâmica da vida de um pároco sempre acontece.

É preciso dizer para você que tem este livro em suas mãos, que em sua grande maioria, as pessoas sempre nos procuram quando estão vivendo alguma realidade desafiadora, são sempre problemas que, em um primeiro momento tende a ser espiritual, mas em alguns casos, não só. O coração do Bom Pastor precisa estar atento e disponível para acolher todas as ovelhas que chegam, indiferente do seu estado, de sua condição.

Nisto consiste a beleza do que somos. Somos ponte, somos elo entre as realidades terrenas e o céu. É a busca por Deus e de Deus que atrai tantas pessoas aos nossos confessionários, as nossa Santas Missas, aos atendimentos.

Foi isto, que um dia disse nosso querido Papa emérito, "Quando as pessoas procuram um padre, na verdade elas estão em busca de Deus". E é isto, que elas devem encontrar, quando nos encontram: Nosso Senhor.

A grandeza de cada alma, o seu valor, não se mede com as coisas deste mundo, nada pode quantificar ou dar valor, a grande graça que experimentamos, quando recebemos um Sacramento. Isto nós só saberemos no Céu. Toda essa realidade transcendente está presente frequentemente em nossa vida e missão. Por isso, se não formos homens místicos, homens de piedade e oração não suportaremos.

Um dia durante as minhas orações fui visitado pelo Espírito Santo, senti uma convocação da parte de Nosso Senhor, para que formasse um grupo de pessoas, que pudessem assumir a responsabilidade de rezarem junto comigo, pelas seguintes intenções: interceder pela salvação das famílias, pela restauração dos casamentos, pela Igreja e suas necessidades materiais e espirituais, e pela conversão dos pecadores, e de todos aqueles que afastados de Deus não o conhecem.

No entanto, como se daria isto, uma vez que, na paróquia já haviam grupos de intercessores e campanhas de oração, que direta ou indiretamente já faziam isto. Veio então o fechamento das Igrejas e, com a história da pandemia, percebi, que Nosso Senhor tinha uma outra estratégia.

Era preciso pescar em outros aquários, em águas, literalmente mais profundas. Foi aí que nasceu de modo tão presente e contundente a minha evangelização pra valer nas redes sociais, nos canais católicos de TV, nas rádios, enfim onde Deus precisa de mim lá estarei.

Fiz questão de dizer tudo isto para vocês, para que você, meu dileto filho(a), que está lendo este livro, se você chegou até aqui, saiba que o que você tem em suas mãos, é mais do que um livro de um sacerdote, é um livro que nasce da minha oração e está à serviço da graça de Deus. Não por escolha minha, uma vez que, minhas responsabilidades como pároco, como padre, como pai, já me ocupam demais. Mas, se o Senhor pediu. Quem sou eu pra negar.

Depois de mais de dois longos anos sem pausas no apostolado digital, nasce a Família Sentinela, homens e mulheres, humanos, limitados, pecadores, mas com um único desejo, tornar o nome de Jesus mais conhecido e amado. Uma pergunta que muitos me fizeram. Mas, por que "Sentinela"?, eu explico.

A etimologia da palavra "Sentinela", oriunda do italiano "Sentinella", provém dos verbos, ouvir ou perceber. Nos ensina, neste sentido que o sentinela é aquele, tem a função de vigiar algo e estar atento, a qualquer movimentação, perigo, ou ameaça.

> *"A estratégia militar exige um complexo sistema de organização em todos os aspectos. Um elemento fundamental é a segurança das tropas que formam um corpo militar. Neste contexto de segurança, o sentinela cumpre com uma missão específica: vigiar e advertir qualquer tipo de perigo que seja possível. O indivíduo que realiza esta função é normalmente um soldado que durante um tempo determinado*

*se coloca em posição estratégica para ter um amplo campo de visão. Os sentinelas ficam situados no exterior dos quartéis e costumam proteger-se das inclemências do tempo no interior de uma guarita. Obviamente, este soldado deve permanecer corretamente uniformizado e armado. Deve-se ressaltar a importância do papel do sentinela sob a ótica militar, pois o mesmo cumpre também uma função comunicativa através de sua presença e por estar sempre pronto para defender o quartel de qualquer eventualidade. Se o sentinela não cumprisse com essa função certamente o recinto militar ficaria desprotegido e suscetível a qualquer ataque."*[10]

Estes são os soldados escolhidos por Nosso Senhor Jesus e Nossa Senhora, eles devem ser homens de escuta e vigilância, homens que devem estar sempre atentos, armados e prontos para defender o quartel general (Igreja) e os seus membros, todos aqueles pelos quais rezamos e intercedemos.

Fixados em suas guaritas não podem dormir, não podem pestanejar, pois a segurança do quartel depende da sua missão, que deve ser bem executada, indiferente do que esteja sentindo ou vivendo, pois o compromisso com a intercessão não pode estar associado, ao nosso bem-estar ou vida pessoal, é uma vida de entrega pelo outro, para o outro, visan-

---

10. https://conceitos.com/sentinela/

do a sua salvação. Assim como nosso adversário não tira férias, na guarita sempre deve ter uma sentinela. Já no sentido bíblico aprendemos que sentinela:

> *"Fora do campo militar é possível também empregar o conceito sentinela em um sentido figurado. Isso acontece com as várias passagens da Bíblia e que aparecem como sinônimo de guarda. Por exemplo, os querubins são descritos como guardiões da árvore da vida e o arcanjo Miguel tem a incumbência de cuidar do corpo de Moisés. A figura do profeta Ezequiel também cumpre essa função como sentinela do seu povo, na verdade, o nome Ezequiel significa em hebraico "Deus é minha fortaleza". Desta maneira, a ideia de sentinela na Bíblia tem o papel de guardião em um sentido simbólico."*

Alguns podem até pensar, mas a reação que precisamos e esperamos, será conquistada com oração? É assim que vamos salvar nossa família, nossa casa e relacionamentos? Ouso dizer que sim. Esta foi a ordem que nos deu Nosso Senhor, Ele nos ensinou, que precisamos sempre começar pela oração, pela vida de piedade e santidade, senão, será em vão, qualquer projeto que iniciarmos:

> *"Buscai em primeiro lugar o Reino de Deus e a sua justiça e todas estas coisas vos serão dadas em acréscimo. Não vos preocupeis, pois, com o dia de amanhã: o*

> *dia de amanhã terá as suas preocupações próprias. A cada dia basta o seu cuidado."* Mc 6, 33-34

É exatamente o que acontece em nossas casas e famílias, julgamos que vamos conseguir resolver tudo, que precisamos e nos desafia, em nossa casa, trabalho, entre outros, com grandes planos, com planejamentos, com planilhas, esquemas aprendidos na internet, com a receita mágica da colega, com a estratégia acertada do rapaz, que anda com o crucificado, enfim, tudo pra fora, nada pra dentro.

Tudo é material e humano, nada transcendente e espiritual. Daqui nasce o porque, há tanta gente depressiva e sem vontade de viver em nosso mundo e em nossa sociedade, sem cultivo da espiritualidade e de uma madura vida interior ninguém chegará lá.

Diante de tantas dificuldades, problemas e situações angustiantes que nosso povo vive, urge voltar ao início de todas as pequenas práticas, que marcaram a nossa vida interior, num passado, não muito distante. Que nos fortaleceram e conduziram até aqui.

Não precisamos inventar a roda, basta olhar para nossa história e Tradição, e seguir o que nos ensinaram os Pais da Igreja, Os Santos e Santas, e todo Sagrado Magistério, o *depositum fidei*, da nossa fé, que certamente nós iremos acertar. Eles foram as cobaias e nós temos a graça de, conhecendo a sua metodologia, avaliarmos o que para nós, cabe neste tempo, e que pode ser aplicado em nossa vida, sempre entendo, que não é uma fórmula matemática, mas o auxílio da GRAÇA de Nosso Senhor, que em nós tudo faz.

E você, aceita o desafio? Quer você queira quer não, é preciso escolher um lado. Não dá para ficar no meio fio, é a salvação de sua alma e da alma dos seus, que está em jogo. Ou quente ou frio. Quem você é neste campo de batalha? Para quem você milita e luta?

**PARTE 2**
# CAPÍTULO 5

# CONTRA QUEM LUTAMOS

Uma das principais preocupações e precauções, que todo bom combatente precisa ter, antes pensar em qualquer outra coisa, é saber identificar quem é o seu inimigo, contra quem ele vai lutar. Uma vez que, identificado o inimigo, conhecendo seu modo de agir, suas armas e estratégias, será mais fácil vencê-lo.

Em seu livro a "Arte da Guerra" Sun Tzu nos ensina que: *"Se você conhece o inimigo e conhece a si mesmo, não precisa temer o resultado de cem batalhas. Se... conheces a ti mesmo, mas não conhece o inimigo, para cada vitória ganha sofrerá também uma derrota. Caso não conheça nem o inimigo nem a si mesmo, perderá todas as batalhas".*

Conhecer-se e conhecer o seu inimigo, eis o grande segredo para sermos bem-sucedidos em nossas batalhas. O conhecimento de si mesmo vamos tratar mais adiante, quando falarmos da vida interior, a vida de oração.

Neste capítulo desejo revelar a você, que o seu desgaste e muitas das vezes o desânimo que tem te tomado, na luta pela salvação da sua casa e família, não está associado a falta de força, de fé, de autoridade espiritual, mas na verdade, trata-se de um erro de operação, de estratégia, de organização e eu vou te explicar.

Quantos não são os que estão lutando contra o inimigo errado, justamente por não saberem, contra quem na verdade nós devemos lutar. Eis uma arti-

manha tenebrosa utilizada por nosso adversário, e que precisamos, com este livro desmascarar, a fim de que, você e sua família sejam salvos e protegidos.
Em sua carta aos Efésios, São Paulo é claro:

> *"Finalmente, irmãos, fortalecei-vos no Senhor, pelo seu soberano poder. Revesti-vos da armadura de Deus, para que possais resistir às ciladas do demônio. Pois não é contra homens de carne e sangue que temos de lutar, mas contra os principados e potestades, contra os príncipes deste mundo tenebroso, contra as forças espirituais do mal (espalhadas) nos ares." Ef 6, 10-12*

Ora, eis uma verdade que não podemos ignorar. Não estamos lutando contra realidades e inimigos materiais, mas antes, contra forças e realidades espirituais, que ultrapassam nossa compreensão humana, uma vez que, são invisíveis a olho nu, o que dificulta ainda mais sua identificação.

Evidentemente, que por se tratar de realidades espirituais, somente aqueles que estão vivendo uma vida espiritual, conseguirão identificar, combater e vencer, tais forças.

Por isso, o primeiro ponto de onde devemos partir, é entender que não lutamos contra pessoas, mas contra demônios, contra forças espirituais decaídas, que assumiram como o seu principal objetivo, não permitir que os filhos de Deus herdem o Céu que lhes fora prometido.

Uma vez expulsos do Céu, os demônios sabem que para lá não voltarão nunca mais, e essa revolta, por saberem o quão maravilhoso é o Céu, a presença de Deus, e que para lá não podem regressar, faz com que eles, façam de tudo, para que, eu e você, não cheguemos lá. Por isso, é preciso desmascará-lo e revelar suas artimanhas contra você e sua casa.

O principal alvo tem sido nossas casas e famílias, uma vez que, é de lá que tudo nasce, cresce, se multiplica. É a base que ele deseja ter. Sua maquinação consiste em fazer com que, marido e mulher, pais e filhos, parentes e familiares, diante das dificuldades normais das relações familiares, sempre tenham um "bode expiatório", que assumirá, ainda que de modo equivocado, a culpa por tudo que há de errado, e mal naquela família.

Este "bode expiatório" será sempre o alvo das acusações. Já não é de se estranhar que, diante de determinadas situações limites, vividas pelo ser humano, o caminho que mais parece agradar nos dias de hoje, é procurar um culpado, ao invés, de tentar resolver o problema, uma vez que, resolver a situação exige dedicação, trabalho sério, esforço, mudança de atitude, e desse modo, tudo será mais complexo e exaustivo.

Sendo assim, melhor procurar um culpado e lutar contra o outro. É neste momento que nosso adversário se utiliza da nossa falta de vigor, da preguiça da nossa alma de buscar a Deus de verdade e lutar com as armas certas, para nos seduzir e colocar as pessoas, os familiares, em guerra entre si, reinando livremente e destruindo a família por dentro, pelo seu fundamento. Se não há amor, Deus não está ali. Se há divisão, ódio, sentimento de vingança, falta de perdão, contentas, violência, rebeldia, quem está aí é o demônio.

Maridos começam a degladiarem-se contra suas esposas, filhos contra os pais e assim sucessivamente, gerando um ambiente hostil e insuportável de se viver. Enquanto ambos de maltratam, se magoam e chateiam, não se relacionam, ele continua agindo de modo subliminar, corroendo as estruturas de modo silencioso e pérfido, ao ponto de que, quando descobrimos sua ação, o estardalhaço já está feito.

Por favor, é preciso entender que você não deve lutar contra seu marido, contra seu filho, contra sua nora, contra as pessoas de "carne e osso" que convivem com você, pelo contrário, seu inimigo é outro, e é este, que precisa ser vencido e expulso dos nossos lares, pela força da nossa oração.

Mas, quem é ele? Como ele age no meio de nós, e principalmente contra nossa família?

Em seu livro *Summa Daemoniaca*, nos ensina o Padre Fortea:

> *"O que é um demônio? Um demônio é um ser espiritual de natureza angélica condenado eternamente. Não tem corpo, não há em seu ser nenhum tipo de matéria sutil, nem nada semelhante à matéria, pois se trata de uma existência de caráter inteiramente espiritual. Spiritus,*

*em latim, significa sopro, hálito. Uma vez que não tem corpo, os demônios não sentem a menor inclinação para nenhum pecado que se cometa com o corpo. Portanto, a gula ou a luxúria são impraticáveis para eles. Podem tentar os homens a pecar nesses campos, porém, só compreendem esses pecados de modo meramente intelectual, uma vez que não possuem sentidos corporais. Os pecados dos demônios, portanto, são exclusivamente espirituais." (FORTEA, 2010, p. 17).*

Você está entendendo meu querido filho(a), a luta não é corpórea, ela é espiritual e intelectual. Não podemos negar isso, nem tão pouco, nos sentimos indiferentes aos fatos já mencionados aqui.

Para vencer este mal, para combatê-lo e aniquilá-lo, precisamos de vida interior. É preciso cortar o mal pela raiz, com Satanás, não brincamos. Com a tentação não dialogamos. Daí, a capital importância de, a partir da leitura deste livro, você e os seus mudarem de postura, nós não enfrentamos nosso inimigo com armas humanas, pelo contrário, nós precisamos usar contra ele e seus anjos, as infalíveis armas espirituais, que nos foram dadas para a luta. Ninguém chegará ao Céu sem esforço, sem combater o bom combate.

Como ele age? Para melhor entendermos precisamos saber diferenciar três conceitos: natural, preternatural e sobrenatural. Quando tratamos da realidade natural estamos falando, das realidades que atuam no campo da natureza criada por Nosso Senhor, isto é, o universo material que temos diante de nós.

Já quando pensamos em algo, preternatural, estamos diante de uma forma de ação, que vai além das obras da criação, do universo material. É neste campo que atuam tanto os anjos como os demônios, *praeter naturam*, significa "Além da natureza".

Quando tratamos daquilo que é sobrenatural, estamos diante da atuação exclusiva de Nosso Senhor que é Onipotente (detém todo poder); Onisciente (detém toda sabedoria); e Onipresente (está em todos os lugares), esta forma de atuar é, exclusiva, de nosso Deus.

Padre Fortea nos lembra:

> *"A natureza material pode realizar coisas surpreendentes, porém sempre segundo as leis do cosmo material. Os demônios podem fazer levitar um objeto no ar, transformar algo instantaneamente, etc. Eles podem fazer coisas que vão mais além das possibilidade do mundo material, porém não podem atuar além das leis da sua natureza angélica, pois não podem tudo, nem sequer no mundo material. Deus, entretanto, é capaz de criar um órgão do nada; um demônio não poderia." (FORTEA, 2010, p. 51).*

São várias as portas, as brechas por onde ele pode entrar. Nos preocupamos muito com sua ação extraordinária/preternatural, isto é, os casos que conhecemos, seja por meio da literatura, livros como do Padre Amorth, Fortea, Frei Elias Vella, seja por meio do cinema, nos filmes de ficção, tais como "O exorcista", "O exorcismo de Emile Rose", que em sua grande maioria, exageram e transformam, em algo irreal, fantasioso, o que na verdade pode acontecer se não vivermos na graça de Deus.

Contudo, não podemos nos esquecer, que a ação ordinária do demônio, isto é, por meio das tentações e dos pecados, tem feito de maneira muito mais cruel e triste, estragos consideráveis na vida das pessoas, pois sabemos que o salário do pecado é a morte. Então, o que fazer? Devemos evitar todas as possibilidades de acesso do Mal à nossa vida, seja por meio da ação extraordinária, mas muito mais, tomarmos cuidado e buscarmos viver em comunhão com Nosso Senhor, para mantermos nossa alma em estado de graça.

Viver em estado de graça é viver de acordo com o projeto de Deus para nossa vida. Este projeto, é a SANTIDADE. Sem uma luta verdadeira e cotidiana pelo Céu, não seremos vitoriosos contra as forças ocultas. O Mal se alimenta da nossa falta de compromisso, com Deus, conosco mesmos e com os irmãos.

Como é triste perceber que cada vez mais, menos pessoas frequentam a Igreja, poucas pessoas se sentem atraídas pelo seu Amor e desejam uma vida coerente e sincera com Deus. Só, por meio de uma vida de oração, confiante na força e na graça de Nosso Senhor, é o que nos fará chegarmos ao Céu. Por isso, precisamos aprender a rezar, e a fazê-lo de verdade, com a vida, com a alma.

# CAPÍTULO 6

# ELABORE
## UMA ESTRATÉGIA: A VIDA DE ORAÇÃO

A vida de oração é um dos maiores desafios na vida do cristão, se assim não fosse, os discípulos não teriam pedido para que o Mestre os ensinasse a rezar. O grande problema está justamente na nossa compreensão acerca do que vem a ser uma vida de oração profícua e fecunda. Na maioria das vezes, buscamos métodos prontos, ou até fórmulas mágicas, mas a vida de oração pressupõe mais do que isso.

Precisamos sim de disciplina, constância e metodologia para conseguirmos crescer na nossa vida interior, no entanto, muito mais do que uma fórmula, a vida de oração pressupõe: amor, intimidade, relação. É o encontro de duas sedes, a sede do homem, que desejoso de Deus busca preencher o vazio de sua alma. E da sede de Deus, que como nos ensina o catecismo da Igreja Católica, tem sede que tenhamos sede Dele.

Primeiro ponto que não podemos deixar de tratar quando falamos de oração, é que oração é encontro entre duas pessoas. Sim, um encontro entre você e Deus. Entender a oração, a partir desta ideia te faz ir para ela com uma outra expectativa. Para um encontro ser bem feito, ele necessita ser desejado, planejado, sonhado e realizado. Precisamos preparar o local, escolher a melhor roupa, definirmos o horário, o que vamos fazer, enfim, não pode ser algo feito no susto. É justamente o valor e a importância que damos a pessoa com quem vamos nos encontrar, que irá determinar nosso cuidado e empenho na preparação deste encontro. Ora, neste caso, nosso convidado para este encontro é o próprio Senhor, deste modo, não podemos tratar nem Ele, nem tão pouco, o encontro de qualquer jeito.

Segundo ponto, todo encontro tem como objetivo o conhecimento do outro. Conhecer e dar-se a conhecer faz com que se estabeleça entre as partes, uma relação de amizade, que será com o passar do tempo, uma relação de cumplicidade, de confiança, até chegar a tão sonhada intimidade. Mas, para que isto ocorra, é preciso que haja abertura de ambas as partes.

É uma via de mão dupla, na medida que eu vou me abrindo e contando para o Senhor, as motivações que me levaram a ir até Ele, o Senhor, vai acolhendo minha partilha e me dando o que preciso para ordenar o que a Ele, eu estou revelando. Neste processo Ele revela também muito de Si, e o que antes, era uma relação distante se torna uma troca entre corações que conquistados um pelo outro, começam a trilhar o caminho do amor.

Terceiro ponto, chegando à dimensão do amor tudo torna-se mais claro, porque amamos, não vamos a este encontro, oração, por obrigação. Vamos, porque amamos e somos amados. A fonte torna-se inesgotável, e os encontros que antes eram, raros, tornam-se constantes, fiéis, pois não suportamos ficar longe de quem amamos.

Queremos mais, e mais e mais, há uma fonte inesgotável que nos espera para nos fortalecer e saciar, já não conseguimos mais prosseguir distantes Dele. É aqui que entendemos a vida dos santos e a sua relação com o Senhor, por meio, da oração.

Santo Afonso, uma das maiores autoridades católicas no assunto, nos ensina:

> *"Digo isso, pois vejo, de um lado, a absoluta necessidade da oração, tão inculcada pelas Sagradas Escrituras e por todos os Santos Padres; e, de outro, vejo que pouco se dedicam os cristãos à prática desse grande meio de salvação. E o que mais me aflige é ver não só os pregadores e confessores pouco falarem do assunto aos ouvintes e penitentes, mas também os livros espirituais, que correm de mão em mão, tampouco tratarem suficientemente do tema, quando todos os pregadores e confessores, bem como todos os livros, não deveriam incutir outra coisa com maior zelo do que isto: rezar."* [11]

Dada a sua fundamental importância para a nossa salvação, está aqui, o motivo pelo qual, é tão difícil, rezar e rezar bem. Nosso adversário sabe disso, portanto, ele vai fazer de tudo para que você não reze, e se começar a rezar para que você não persevere, pois ele sabe, melhor que você e eu, que quem reza se salva, quem reza vence, quem reza não desiste, é por isso, que ele não quer que você reze.

---

11. LIGÓRIO, Santo Afonso Maria. A Oração: O grande meio para alcançar a salvação eterna e todas as graças que desejamos receber de Deus. 1ªedição. Campinas – São Paulo: ECCESIAE, 2021.

Santo Afonso ainda nos ensina, que muitos não progridem em sua vida espiritual, mesmo depois de tantas graças e carinhos recebidos da parte de Deus, por falta de oração, uma vez que, de nada adianta as graças recebidas se elas não forem sustentadas pela oração. É a vida de oração que nos sustenta na busca pela santidade, na força contra nosso homem velho, e principalmente para suportarmos nossas cruzes e tribulações, que Nosso Senhor, reserva para nós em nossa caminhada.

Assim nos exorta, o santo:

*"Sem a oração, segundo a providência ordinária de Deus, serão inúteis todas as meditações feitas, todos os nossos propósitos e todas as nossas promessas. Se não rezarmos, seremos sempre infiéis a todos os dons recebidos de Deus e a todas as promessas feitas por nós. A razão é a seguinte: não bastam as luzes recebidas. Não basta fazer o bem, vencer as tentações, exercitar as virtudes e, em suma, observar os preceitos divinos; além disso, faz-se necessária a ajuda de Deus, e o Senhor não concede, como veremos, essa ajuda atual senão a quem reza, e reza com perseverança."* [12]

Enfim, não há como salvarmos nossa casa e família sem rezarmos, e rezarmos muito. Joelho no chão e muita confiança no que estamos realizan-

---

12. Idem, página 16.

do, é condição para alcançarmos a vitória, que em Deus nós estamos esperando. Por onde começar? Pelo início, e é aqui que queremos te ajudar. Não se desespere você não está sozinho(a). Vamos aos poucos, dando pequenos, mas acertados passos, rumo nossa meta. Faça primeiro o que está ao seu alcance com humildade e simplicidade, e a Graça de nosso Senhor, completarão restante.

CAPÍTULO 7

# USE AS ARMAS CERTAS:

## OS SACRAMENTOS: RECONCILIAÇÃO E EUCARISTIA, PALAVRA DE DEUS, VIRGEM SANTÍSSIMA, VIDA DOS SANTOS.

Em uma batalha não podemos chegar no campo de batalha desprevenidos. Pelo contrário, estar bem armado é condição básica para não sermos combatidos, mas combatermos nosso inimigo. As armas são indispensáveis para alcançarmos a vitória que tanto almejamos.

Na luta pela reconstrução da nossa casa e família não será diferente. Depois de termos até aqui, entendido a dinâmica deste combate, identificado nosso inimigo, e entendido que o método para o vencer é a oração, necessitamos agora saber quais as armas vamos utilizar.

## 7.1 A RECONCILIAÇÃO

Primeiramente, não podemos nos colocar em ordem de batalha se não estivermos em estado de graça. O que isto significa? Não posso combater um inimigo com o qual ainda possuo relações, ou seja, se mantenho aproximação e vínculo com o mal, isto é, se estou unido ao demônio pelo pecado, não terei autoridade alguma para o combater. Por isso, o primeiro passo a ser dado, a primeira grande arma a ser utilizada é o Sacramento da Reconciliação. Fazer uma boa confissão já nos faz vencer muitos dos inimigos que nos enfraqueciam.

São muitos, os relatos de pessoas, em nossos atendimentos e confessionários, que estavam longes do sacramento da reconciliação há muito tempo e se sentiam enfraquecidas na luta contra o mal, e até mesmo, na sua vida espiritual.

Isto se deve, ao fato, de que não podemos ter em uma única fonte água limpa e água suja. Ou será, limpa, ou será suja. Ou seremos quentes ou frios. A mornidão é um prato cheio nas mãos do nosso adversário, pois, ela gera tibieza e destrói a nossa relação com nosso Deus. É aqui que muitos estão se perdendo e pondo a perder a sua casa.

Faça um bom exame de consciência e procure o quanto antes seu confessor.

Apresento aqui uma sugestão de exame de consciência, pare por um instante a leitura do nosso livro, tome papel e caneta, e diante do Senhor e de sua consciência responda as seguintes perguntas para você mesmo. Anote, essas anotações te ajudarão na hora da sua confissão.

*A confissão é a oportunidade de pedir perdão a Deus e de receber a sua misericórdia. Antes de se confessar, reserve uns momentos de silêncio para refletir no que você fez de errado; no que possa ter prejudicado outras pessoas, e no que você pode fazer para se tornar um cristão melhor. Uma confissão sincera permite a renovação da alma e a sua abertura à graça de Deus.*

*As questões a seguir podem ajudar a refletir sobre as ações de que você deve pedir perdão.*

- Neguei ou abandonei a minha fé? Tenho a preocupação de conhecê-la melhor? Recusei-me a defender a minha fé ou fiquei envergonhado dela? Existe algum aspecto da minha fé que eu ainda não aceito?

• Disse o nome de Deus em vão? Pratiquei o espiritismo ou coloquei a minha confiança em adivinhos ou horóscopos? Manifestei falta de respeito pelas pessoas, lugares ou coisas santas?

• Faltei voluntariamente à Missa nos domingos ou dias de preceito?

• Recebi a Sagrada Comunhão tendo algum pecado grave não confessado? Recebi a Comunhão sem agradecimento ou sem a devida reverência?

• Fui impaciente, fiquei irritado ou fui invejoso?

• Guardei ressentimentos ou relutei em perdoar?

• Fui violento nas palavras ou ações com outros?

• Colaborei ou encorajei alguém a fazer um aborto ou a destruir embriões humanos, a praticar a eutanásia ou qualquer outro meio de acabar com a vida?

• Tive ódio ou juízos críticos, em pensamentos ou ações? Olhei os outros com desprezo?

- Falei mal dos outros, transformando o assunto em fofoca?

- Abusei de bebidas alcoólicas? Usei drogas?

- Fiquei vendo vídeos ou *sites* pornográficos? Cometi atos impuros, sozinho ou com outras pessoas? Estou morando com alguém como se fosse casado, sem que o seja?

- Se sou casado, procuro amar o meu cônjuge mais do que a qualquer outra pessoa? Coloco meu casamento em primeiro lugar? E os meus filhos? Tenho uma atitude aberta para novos filhos?

- Trabalho de modo desordenado, ocupando tempo e energias que deveria dedicar à minha família e aos amigos?

- Fui orgulhoso ou egoísta em meus pensamentos e ações? Deixei de ajudar os pobres e os necessitados? Gastei dinheiro com o meu conforto e luxo pessoal, esquecendo as minhas responsabilidades para com os outros e para com a Igreja?

- Disse mentiras? Fui honesto e diligente no meu trabalho? Roubei ou enganei alguém no trabalho?

• Cedi à preguiça? Preferi a comodidade ao invés do serviço aos demais?

• Descuidei a minha responsabilidade de aproximar de Deus os outros, com o meu exemplo e a minha palavra?

• Respondi com verdade e sinceridade as questões acima? Se não, faça de novo. Se sim, BOA CONFISSÃO.

## 7.2 A EUCARISTIA

A Igreja vive da Eucaristia. Jesus Eucarístico é o ápice de toda nossa vida cristã. Sem o Corpo e o Sangue de Nosso Senhor, não conseguiremos prosseguir, pois Ele é o Pão Vivo que desceu do Céu, para alimentar nosso corpo e principalmente nossa alma.

Não há como uma pessoa desnutrida conseguir êxito em suas atividades e trabalhos. Quando não alimentamos nossa natureza com o necessário para nos manter vivos, definhamos, e facilmente adoecemos, chegando em muitos casos, se não tivermos os devidos cuidados, à morte.

Todos nós sabemos a importância de termos uma vida saudável e este cuidado exige de nós, critérios, normas, um estilo de vida, que seja condizente com o que esperamos ter: saúde, uma vida boa, feliz.

A mesma exigência deveríamos ter com a nossa alma. O grande problema que enfrentamos atualmente, é que, só damos valor e cuidamos daquilo que vemos. Estamos em um mundo cada vez mais, marcado pela exterioridade, e para os cuidados com a aparência, isto é, com aquilo que os outros enxergam.

Neste sentido, entendemos o porquê, tantas pessoas que possuem corpos esculturais, roupas da moda, os melhores perfumes e automóveis, tristes, vazias, e muitas delas, com uma vida interior deteriorada, se comparada ao que as fotos e propagandas feitas nas redes sociais ilustram.

Mais uma vez, se repete aquilo que nossos avôs sempre nos alertaram, cuidado para não sermos uma mentira, por fora "bela viola", por dentro "pão bolorento".

Não podemos ignorar o que não vemos, só pelo fato, de não vermos. Temos um corpo físico (material), e um corpo espiritual (alma) e ambos precisam ser cuidados e nutridos com a mesma dedicação e afinco.

E é aqui que precisamos nos atentar para a urgência e necessidade que temos de voltar à Eucaristia, e de modo especial, à Santa Missa. Mas, como amar? Como voltar? Se não entendemos o que a Santa Missa em sua totalidade representa?

É por isso, que desejei que juntamente, com este texto que você agora tem em mãos, fosse anexado, um dos testemunhos mais lindos e profundos sobre a Santa Missa: O Testemunho de Catalina Rivas, que você encontrará, no final do livro.

Se você ainda não o conhece, recomendo que pare a leitura do livro aqui, leia o anexo e depois retome sua leitura. É impossível tomar conhecimento deste maravilhoso segredo, revelado por Nosso Senhor e Nossa Senhora a Catalina, e continuar a participar da Santa Missa do mesmo modo. Nele seus olhos se abrirão e certamente muita coisa mudará em seu interior em relação a sua vida e a Santa Missa.

Muitos são os relatos que os Santos nos deixaram sobre a importância e necessidade de termos almas cada vez mais eucarísticas. São tão profundos e lindos os testemunhos que eles nos confiaram que seria, impossível, reunir em uma só obra todos. Cito alguns que muito me comovem e que me aproximam com mais amor da presença real de Jesus no tabernáculo e na Santa Missa.

Começo com este de Santa Teresinha:

> "*Ah, como foi doce o primeiro beijo de Jesus (na primeira comunhão) em minha alma! Foi um beijo de amor! Sentia-me amada e dizia também: 'Eu vos amo, eu me dou a vós para sempre'. Não houve pedidos, lutas, sacrifícios; desde muito tempo, Jesus e Teresinha se tinham olhado e se tinham compreendido... naquele dia não era mais um olhar, mas uma fusão, eles não eram mais dois, Teresa desaparecera como uma gota d'água se perde no meio do oceano. Jesus ficara só, Ele era o mestre, o rei...*"(Manuscrito A 35r)

Uma união intima de duas pessoas que se amam, eis uma das grandes armas que o demônio não quer que aconteça, entre nós e Nosso Senhor Jesus. Nosso adversário sabe que quando comungamos, quando adoramos Jesus na hóstia sagrada, sua ação e seu domínio sobre nós, não existe, pois uma vez, unidos intimamente a Jesus, não haverá brechas, espaços para que ele faça qualquer coisa contra nós.

Eis o motivo pelo qual, sempre a ida para a Santa Missa é uma luta, porque os momentos de Adoração, em sua rotina, quase nunca acontecem, pois ele sabe, o poder que estes momentos possuem. E vai fazer de tudo para desviar seu olhar, seu coração, sua vida do altar do Senhor e dos tabernáculos.

No capítulo sexto do evangelho de São João, Nosso Senhor, nos recorda:

> *"Jesus respondeu-lhes: 'Em verdade, em verdade vos digo: Moisés não vos deu o pão do céu, mas o meu Pai é quem vos dá o verdadeiro pão do céu;. porque o pão de Deus é o pão que desce do céu e dá vida ao mundo'". Jo 6, 32-33.*

Nosso inimigo tem conhecimento da Palavra de Deus. Ele sabe a sua eficácia e a sua força. Nosso Senhor nos garantiu que quem comer do Seu Corpo e Beber do Seu Sangue, terá a verdadeira vida. Sua casa, sua família só terão a verdadeira vida, quando sua família for uma FAMÍLIA EUCARÍSTICA.

O que isto significa? Quando o centro das escolhas de todos vocês forem o altar.

Participar da Santa Missa aos domingos e dias de guarda, adorar Jesus no Santíssimo Sacramento será a arma mais poderosa e eficaz para a restauração, para a reconstrução da sua casa, da sua família, do seu matrimônio.

Neste momento eu me dirijo a você, que tem lutado pela restauração da sua família. Não importa se você tem feito isso sem a companhia de alguém. A maioria das pessoas que atendo e conheço se sentem desmotivadas a luta, por acreditarem que lutam só. Eis mais uma artimanha do demônio que desmascaramos agora.

Você não está sozinho(a), Deus luta ao seu lado, o Céu inteiro reza contigo e por ti, e nós Família Sentinela, estamos aqui para ser também esse suporte para você e os seus. Deus te escolheu para ser coluna, para ser alicerce na sua casa. Então onde você vai encontrar forças para sustentá-los? No altar e no tabernáculo.

Comungue sempre e quantas vezes puder por sua casa, por aqueles por quem você reza. Ofereça horas e mais horas de adoração sempre pedindo a Nosso Senhor que as "escamas" que impedem, esta pessoa, por quem você reza caiam por terra, que elas possam "ver", "enxergar" e "reconhecer", Nosso Senhor Jesus, como seu único e suficiente Salvador, Senhor e Redentor.

Outro exemplo que muito me toca é o do Beato Carlo Acutis, assim ele nos fala sobre sua relação com a Eucaristia: *"Todos os dias vivo a Eu-*

*caristia como um diálogo constante com Jesus, como uma autêntica esperança. A Eucaristia é a minha autoestrada para o céu."*

A Santíssima Eucaristia como "autoestrada", um caminho para o Céu. Quantas não são as famílias, as crianças, os jovens e até mesmo adultos, que dizem ter perdido o rumo da sua vida e existência. Já não sabem mais para onde caminham, e muitos até, por não saberem o que fazem aqui, se permitem ser guiados e conduzidos por caminhos ruins, que os levam para a morte, para as trevas.

Com o jovem Carlo Acutis queremos levantar uma comunidade de jovens adoradores, que encontram no Corpo e Sangue de Jesus, a força e esperança que precisam para irem ao Céu. Que nossos jovens possam amar e desejar a Santa Missa, como amam e desejam esses jogos eletrônicos, e as redes sociais. Mas, como serão eles adoradores, se não virem seus pais, professores, sacerdotes, ou seja, suas referências adorando Jesus?

É urgente de nossa parte o testemunho. Precisamos criar alternativas, precisamos buscar momentos e ambientes em que possamos promover mais horas de adoração. Nosso Senhor Jesus não pode mais ficar abandonado nos sacrários de nossas Igrejas.

Como uma Igreja em saída que tanto nos pede o Papa Francisco, precisamos promover vigílias eucarísticas, levar Jesus Sacramentado para nossas praças e ruas, para que todos possam ser, por

Ele, Nele e com Ele impactados, transformados e animados a uma vida nova, no poder do Espírito Santo.

Abaixo eu te apresento um simples roteiro de como fazer um momento proveitoso de Adoração à Jesus Eucarístico.

Como fazer um momento de Adoração à Jesus Eucarístico?

**Inicie sempre a sua adoração com a certeza de que você está diante de alguém que te conhece, te ama e estava ansioso por te encontrar. Ouça Jesus lhe dizendo:**

*Não é preciso, meu filho, saber muito para me agradar, basta-me amar fervorosamente. Fala-me, pois, de uma coisa simples, assim como falarias com o mais íntimo dos amigos.*

Fique em silêncio por alguns instantes. Procure estar inteiro ali, na sua adorável presença, sem pressa, sem cobranças, sem angústias. Olhe para Ele e deixe que ELE olhe pra você.

Num segundo momento pense no motivo que te levou a esta adoração:

**1º) Tens algum pedido em favor de alguém?**

*Jesus te diz: Menciona-me o seu nome e diz-me o que desejais que eu faça. Pede-me muito. Não receies em pedir. Fala-me das necessidades das pessoas com quem você convive.*

**2º) E tu, precisas de alguma graça?**

*Jesus insiste e te pergunta: Diz-me abertamente que precisas de ajuda. Pede-me que eu vá ao teu encontro, em teu auxílio. Não te envergonhes! Há muitos justos e muitos santos no céu que tinha exatamente os mesmos defeitos, mas pediram com humildade e pouco a pouco se viram livres deles. Que necessitas hoje? O que posso fazer por ti? Ah! Se soubesses quanto Eu desejo ajudar-te!*

**3º) Andas preocupado?**

*Conta-me tudo! – Insiste Jesus com você – O que te ocupa? O que pensas? O que desejas? Conta-me eu quero te ajudar.*

**4º) Por acaso estás triste ou mal-humorado?**

*Quem te feriu? Quem de desprezou? Diga para mim o que passar e como recompensa hás de receber a minha benção consoladora. Lança-te nos braços da minha amorosa providência. Estou contigo, ao teu lado. Vejo tudo e ouço tudo, em nenhum momento te desamparo.*

**5º) Tens alguma alegria que possa partilhar comigo**

*Jesus quer saber das suas vitórias! Por que não me deixas tomar parte nelas com a força de um bom amigo? Você tem surpresas agradáveis para me contar? Boas notícias? Quais demonstrações de carinho você tem dado ou recebido. Talvez tenha conseguido vencer alguma situação difícil, sair de algum apuro. Tudo é obra minha. Diz-me simplesmente: Obrigado meu Pai, obrigado!*

**6º) Queres prometer-me alguma coisa?**
*Bem sabes que eu leio o que está no fundo do teu coração. É fácil enganar os homens, mas a Deus não podes enganar. Fala-me com toda sinceridade: fizeste o firme propósito de, no futuro, não mais te expores àquela ocasião de pecado, de te privares dos objetos de sedução. Ora meu filho, volta agora às tuas ocupações habituais: ao teu trabalho, à tua família, aos teus estudos; mas não esqueças esses minutos que tivemos desta agradável conversa. Não deixe de Me buscar na Eucaristia. Eu te espero no Santíssimo Sacramento.*

## 7.3 A PALAVRA DE DEUS

Outra arma importantíssima em nossa luta contra o mal é a Palavra de Deus. Sim, pois, como nos ensina São Jerônimo, "Ignorar as Sagradas Escrituras é ignorar o próprio Jesus".

Quanto mais conhecemos as Sagradas Escrituras, mais espirituais nos tornamos. Pois, na medida que vamos avançando no conhecimento e na intimidade com O Verbo Divino, mais discernimento vamos adquirindo, e aprendemos dela e com ela, a como viver uma vida autenticamente cristã. É a Palavra de Deus que deve orientar nossa vida, nossas escolhas, nossos sonhos e projetos.

Não podemos nunca lê-la por nós mesmos, para não cairmos na heresia protestante da *sola scripitura*. Toda leitura e interpretação das Sagradas Escrituras deve estar alicerçada na Sagrada Tradição e Sagrado Magistério da Igreja, pois, Deus por meio, do Espírito Santo confiou a sua Igreja a autoridade de ensinar, interpretar e formar o seu povo, de forma coerente e equilibrada, a partir das verdades de fé contidas na Bíblia.

A Palavra de Deus é viva e eficaz, é a lâmpada que ilumina nossos passos e nosso caminho, como nos recorda o salmista, Sl 118, 105. Quantas vezes nos encontramos em situações de escuridão, sem saber para onde ir, ou a quem recorrer. Isto acontece na vida de todos nós, faz parte da nossa condição humana situações como essas.

O que vai diferir nossa vida da vida das pessoas que não conhecem a Deus, é que, diante das dificuldades nós não vamos buscar auxílio e respostas em outras fontes, em outros lugares. Não, nós que somos católicos homens e mulheres espirituais, buscaremos na Palavra de Deus as respostas que precisamos para orientar nossa rota, e guiar nossas decisões.

Quando compramos um utensilio doméstico, junto a embalagem sempre está o manual de instruções, nele consta todas as informações sobre o produto, sobre como explorar melhor seu funcionamento, bem como, as advertências que precisamos seguir se quisermos que ele tenha vida longa e não quebre.

O grande problema é que, infelizmente, a maioria dos consumidores nunca levam a sério o manual, nunca o leem, e quando o fazem, só o fazem quando os problemas aparecem, quando falhas pelo mau uso do mesmo, começam a se manifestar.

Longe de nós sermos um "Objeto", um "Utensílio", somos Filhos de Deus, sua Imagem e Semelhança. Mas, podemos pela força da linguagem metafórica atribuir as nossas vidas situação semelhante a citada. Quando nos criou, e depois de ter firmado aliança com seu povo no Monte Sinai, nosso Deus, que é Pai e nos ama, nos apresentou o caminho, nos deu o "Manual" da Vida, ou seja, sua Lei, sua Palavra. Mas, assim como com os utensílios domésticos nós também ignoramos esse manual, e só o buscamos, quando as coisas já não caminham bem.

Busquemos mais a Palavra de Deus, comece com pequenas doses. Não vamos mudar nossa vida e rotina da noite para dia. Lembre-se, a vida de oração, pressupõe constância, disciplina e método. Não adianta pegar as Sagradas Escrituras ler um dia inteiro por horas afim e depois abandoná-la e não lê-la mais. Poucas coisas, mas as faça bem ensinou-nos São Francisco.

Comece com a liturgia diária. Hoje temos uma infinidade de recursos que nos auxiliam na leitura e compreensão do evangelho do dia. Há inúmeros canais e sacerdotes que disponibilizam oportunidades ímpares, de termos contato com a Bíblia. Até, para aqueles que não sabem ler, já existem versões orais de narração das Sagradas Escrituras disponíveis e gratuitas, ou seja, não há desculpa, é preciso decisão e coragem para começar a vencer o mal, pala força da Palavra de Deus.

Nossa amada Mãe e Mestra Igreja nos ensina uma metodologia de leitura e meditação da Palavra de Deus que chamamos de: Leitura orante da Bíblia. Abaixo apresento o caminho, o roteiro para uma eficaz *Lectio Divina*.

## LECTIO DIVINA:

**Primeiro Passo – Faça a Leitura do Texto proposto**
Obs: leia quantas vezes for necessário para a compreensão.

Do que fala o texto? É necessário está atento aos detalhes: o ambiente, o desenrolar dos acontecimentos, os personagens do texto, quais são os diálogos, a reação das pessoas; procurando perceber os seus sentimentos, as questões mais interessantes, as palavras e trechos que chamam mais atenção. Esse passo é o que exige maior esforço da nossa parte.

**Segundo Passo - a partir do que foi lido faça uma breve meditação**
O que diz o texto de forma pessoal para mim? Este é o momento de se colocar diante da Palavra.

É hora de "ruminar", saborear a Palavra de Deus. Na meditação vamos questionando, confrontando a passagem com a nossa vida, por meio do Espírito Santo.

**Terceiro Passo – Agora, a partir do que foi experimentado e ruminado faça sua oração**
O que neste texto sou provocado a responder ao Senhor? A oração nasce como fruto da meditação. Os sentimentos nos levam a dar uma resposta a Deus. Através do Espírito Santo, nos é suscitado o louvor, a súplica, a oração penitencial, a oferta.

**Quarto Passo – Agora depois de Rezar Contemple o que a Palavra de Deus está fazendo em ti.**
O que a Palavra faz em mim? É o próprio Deus que age em nossas vidas. É permitir a ação de Deus que recebe a nossa oração e nos leva ao Seu coração. Na contemplação nós somos impelidos a ser como Cristo.

Que o próprio Deus nos conceda a graça de a cada novo dia crescermos na intimidade com a Sua palavra.

# 7.4 A VIRGEM MARIA

E chegamos a uma das armas mais terríveis e eficazes contra o inferno depois de Nosso Senhor Jesus Cristo. Nossa Augusta Rainha do Céu e Senhora dos Anjos, terror dos espírito rebeldes, temível como um exército em ordem de batalha: Nossa Senhora.

Em seu livro "Eu, o último exorcista", o padre Amorth conta um diálogo, num exorcismo que testemunha a força da Virgem Maria:

**P. Amorth:** *"Quais são as virtudes de Nossa Senhora que mais te irrita?"*

**Satanás:** "Ela me enfurece porque ela é a mais humilde de todas as criaturas e porque eu sou a mais orgulhosa. Porque ela é a mais pura de todas as criaturas e eu não sou. Porque ela é a mais obediente a Deus e eu sou a mais rebelde".

**P. Amorth:** *"Por que você tem mais medo quando eu digo o nome de Maria do que quando eu digo o nome de Jesus Cristo?"*

**Satanás:** "Porque eu me humilho mais para ser derrotado por uma mera criatura do que por Ele".

**P. Amorth:** *"Existe uma quarta qualidade de Maria que enfurece você?"*

**Satanás:** "Ela sempre me frustra porque nunca foi tocada por qualquer mancha de pecado".

O padre também lembrou que *"Durante um exorcismo, Satanás me disse através da pessoa possuída: 'Toda Ave Maria do Rosário é um golpe no meu rosto. Se os cristãos soubessem o poder do rosário, seria o meu fim.'"* [13]

---

13. https://es.aleteia.org/2017/07/21/los-asombrosos-dialogos-entre--el-diablo-y-un-exorcista-del-vaticano/

*"Porei ódio entre ti e a mulher, entre a tua descendência e a dela esta te ferirá a cabeça, e tu lhe ferirás o calcanhar",* Gn 3, 15. Nosso adversário o demônio nada pode contra Nossa Senhora. Esse ódio de que fala a Palavra de Deus, já demonstra para mim e para você, que só existem dois lados nesta grande batalha, ou seja, ou eu faço parte da descendência da Mulher, ou da serpente. Não há uma terceira via.

Todos aqueles que se declaram pertencentes a geração da Imaculada, que esmagou a cabeça da serpente, automaticamente declara guerra ao demônio e aos seus anjos. É em virtude disto, que não raras as vezes, ouvimos relatos de pessoas que dizem que a partir do momento, em que se decidiram consagrar a Nossa Senhora, de Rezar o Santo Rosário, de entronizar uma imagem de Nossa Senhora em casa, grandes tribulações começaram acontecer.

Ora a explicação para este fenômeno é simples. Todas as vezes que o demônio sabe que está perdendo território, ele tenta chamar nossa atenção de alguma forma. Ele tenta desviar nosso olhar, nosso caminho e muitas das vezes nos amedrontar para que desistamos das metas maiores, das metas elevadas que nos levam ao Céu.

Não devemos temer, não devemos desistir, nem tão pouco desanimar. Se estes fenômenos começam a acontecer é sinal que estamos do lado certo e militamos pela Rainha do Céu, que já o destruiu uma vez, e que junto com seu Filho o destruirá definitivamente, quando de sua segunda vinda.

Leve Nossa Senhora pra sua vida e pra sua casa e você verá quantas maravilhas acontecerão na sua família. Ela é aquela que intercede por nossas necessidade, como fez nas Bodas de Caná (Jo 2) e continua a fazer até os hoje. Ela sempre se antecipa como boa mãe que é, a tudo aquilo que nós precisamos para fazer a vontade do seu Filho Jesus.

Não tenhamos medo de amá-la com força, de verdade, de prestar nosso culto e homenagem Àquela que nos trouxe o Salvador, e que graças ao seu SIM, nos abriu novamente a porta do Paraíso.

Ela nos ensina a amar com maior perfeição e fidelidade, Nosso Senhor, pois não há quem mais o tenha amado neste mundo e no Céu do que Ela. Quanto mais íntimos dela nós formos, mais e com maior perfeição serviremos a Jesus. Este foi o segredo que os santos descobriram. Não há na história da nossa Igreja algum santo que não a tenha chamado de Mãe, que não a tenha amado e invocado com confiança nas contas do Santo Rosário.

Ela nos ensina a sermos fiéis mesmo diante da cruz de cada dia. Vejamos dentre tantos que prometeram fidelidade a Nosso Senhor e companhia até o fim, somente Ela e São João permaneceram de pé diante do madeiro da cruz. Ela permaneceu em pé. É assim que ela forja e forma seus filhos(as), homens e mulheres com cheiro de madeiro, que não desistem, mas que avançam e persistem em seu ideal, uma vez que, sabem em quem colocaram a sua confiança e a quem servem.

Tenha Nossa Senhora como sua mãe, como seu modelo, de esposa e mulher, este conselho se destina a você, moça, mulher que lê neste momento este parágrafo. É com Ela, a Virgem Maria, que você aprenderá tudo que precisa fazer e ser, para que seu lar seja conforme a vontade de Deus. Seja Ela, Nossa Senhora, sempre seu ideal, sua meta. Não se nivele pelos protótipos válidos de mulheres desta geração, que desejam espaço, mas não querem ser mulher. Ame sua feminilidade, deseje ser esposa, mãe e senhora de sua casa. E se por ventura, não for essa sua vocação seja uma consagrada, à altura da mãe de Deus, procurando sempre servir com amor e alegria Jesus e sua Igreja.

Recomendo a todos vocês que leiam e aprendam com São Luís Maria Grignion de Montfort, o seu método de Consagração Total a Jesus pelas mãos de Nossa Senhora. A obra "Tratado da Verdadeira Devoção à Santíssima Virgem Maria".

Um método utilizado por muitos santos, destinado a formação de novos santos, que assim como, os que a fizeram e se santificaram, exemplo: Santa Teresinha do Menino Jesus, São João Bosco, São Domingos Sávio, São Maximiliano Maria Kolbe, Padre Pio de Pietrelcina, São João Paulo II, encontraram em Nossa Senhora, o que o próprio São Luís nos ensina, que Virgem Santíssima é a "forma *Dei*", ou seja, a forma de Deus, lugar onde todos aqueles que se matriculam se santificam.

Com esta arma infalível o demônio não poderá destruir nem você nem sua família. Reze o Rosário todos os dias com os seus e verás as maravilhas que Deus operará na sua casa. Não foi à toa que em suas aparições Nossa Senhora sempre pede que se reze o Santo Rosário. Com fé, perseverança e confiança certamente os milagres acontecerão em sua família.

Abaixo o método para se rezar o Santo Rosário, bem como, os dias respectivos em que contemplamos cada mistério.

**Inicie com a Persignação ou sinal da Cruz:**
Em nome do Pai e do Filho e do Espírito Santo. Amém.

**Segurando o Crucifixo reze: Credo Apostólico (reza-se o Creio ou Credo Apostólico):**
Creio em Deus Pai todo-poderoso, criador do céu e da terra; e em Jesus Cristo, seu único Filho, Nosso Senhor; que foi concebido pelo poder do Espírito Santo; nasceu na Virgem Maria, padeceu sob Pôncio Pilatos, foi crucificado morto e sepultado; desceu à mansão dos mortos; ressuscitou ao terceiro dia; subiu aos céus, está sentado à direita de Deus Pai todo-poderoso, donde há de vir a julgar os vivos e os mortos; creio no Espírito Santo, na santa Igreja Católica, na comunhão dos santos, na remissão dos pecados, na ressurreição da carne, na vida eterna. Amém.

**1ª Conta após o Crucifixo: Pai-Nosso (reza-se um Pai-Nosso em honra a Santíssima Trindade):**
Pai Nosso, que estais no céu, santificado seja vosso nome. Venha a nós o vosso reino. Seja feita a vossa vontade, assim na terra como no céu. O pão nosso de cada dia nos dai hoje. Perdoai as nossas ofensas, assim como nós perdoamos a quem nos tem ofendido. E não nos deixeis cair em tentação, mas livrai-nos do mal. Amém.

**3 contas após a conta do Pai-Nosso: Ave-Maria (reza-se três Ave-Marias, em honra a Santíssima Trindade):**
Ave Maria, cheia de graça, o Senhor é convosco, bendita sois vós entre as mulheres, e bendito é o fruto do vosso ventre, Jesus. Santa Maria, Mãe de Deus, rogai por nós pecadores, agora e na hora da nossa morte. Amém.

**Glória ao Pai** (reza-se um Glória ao Pai): Glória ao Pai, ao Filho e ao Espírito Santo. Como era no princípio, agora e sempre. Amém.

# COMO REZAR CADA MISTÉRIO DO SANTO ROSÁRIO

Em cada mistério, reza-se um Pai-nosso, dez Ave-Marias, um Glória ao Pai – meditando o mistério referente a cada dezena – e a jaculatória ensinada por Nossa Senhora aos três Pastorinhos de Fátima:

"Ó meu Jesus, perdoai-nos, livrai-nos do fogo do inferno; levai as alminhas todas para o Céu, principalmente aquelas que mais precisarem."

**Os Mistérios do Santo Rosário**
**Mistérios da Alegria ou Gozosos (segundas-feiras e sábados):**
1.º – O anúncio do Arcanjo São Gabriel a Virgem de Nazaré (cf. Lc 1, 26-38);
2.º – A visitação da Virgem Maria a sua prima Santa Isabel (cf. Lc 1, 39-56);
3.º – O nascimento do Menino Jesus em Belém (cf. Lc 2, 1-21);
4.º – A apresentação do Menino Jesus no templo de Jerusalém (cf. Lc 2, 22-40);
5.º – O encontro do Menino Jesus no Templo entre os Doutores da Lei (cf. Lc 2, 41-52).

**Mistérios da Luz ou Luminosos (quintas-feiras):**
1.º – O Batismo de Jesus Cristo no rio Jordão (cf. Mt 3, 13-17);
2.º – Revelação de Jesus nas bodas de Caná da Galileia (cf. Jo 2, 1-12);
3.º – O anúncio do Reino de Deus e convite à conversão (cf. Mc 1, 14-15);
4.º – A Transfiguração de Jesus Cristo no Monte Tabor (cf. Lc 9, 28-36);
5.º – A instituição da Eucaristia (cf. Lc 22, 14-20).

**Mistérios da Dor ou Dolorosos (terças e sextas-feiras):**

1.º – A agonia mortal de Jesus no Horto das Oliveiras (cf. Mt 26, 36-46);

2.º – A impiedosa flagelação de Jesus Cristo (cf. Mt 27, 26-31);

3.º – A coroação de espinhos do Filho de Deus (cf. Mt 27, 29);

4.º – A subida dolorosa de Jesus Cristo ao monte Calvário (cf. Jo 19, 17-24);

5.º – A crucificação e morte de nosso Senhor Jesus Cristo (cf. Jo 19, 18-37).

**Mistérios da Glória ou Gloriosos (quartas-feiras e domingos):**

1.º – A ressurreição de nosso Senhor Jesus Cristo (cf. Jo 20, 1-18);

2.º – A ascensão de Jesus Cristo aos Céus (cf. Lc 24, 50-53);

3.º – A vinda do Espírito Santo sobre os apóstolos no Cenáculo em Jerusalém (cf. At 2, 1-13);

4.º – A assunção de Nossa Senhora ao Reino dos Céus (cf. Sl 44, 11-18);

5.º – Coroação de Maria Santíssima como Rainha do Céu e da Terra (cf. Ap 12 ,1-4).

**Orações finais para rezar o Santo Rosário**
**Agradecimento**

Infinitas graças vos damos, Soberana Rainha, pelos benefícios que todos os dias recebemos de vossas mãos liberais. Dignai-vos, agora e para sempre, tomar-nos debaixo do vosso poderoso amparo e, para mais vos obrigar (agradecer), nós vos saudamos com uma Salve-Rainha.

**Salve-Rainha**
Salve Rainha, Mãe de misericórdia, vida, doçura e esperança nossa, salve! A vós bradamos, degradados filhos de Eva. A vós suspiramos, gemendo e chorando neste vale de lágrimas. Eia, pois, advogada nossa, esses vossos olhos misericordiosos a nós volvei. E depois deste desterro, mostrai-nos Jesus, bendito Fruto de vosso ventre. Ó clemente! Ó piedosa! Ó doce sempre Virgem Maria! Rogai por nós Santa Mãe de Deus, para que sejamos dignos das promessas de Cristo. Amém.

Rogai por nós, Santa Mãe de Deus, para que sejamos dignos das promessas de Cristo. Amém.

# 7.5 OS SANTOS

Arma poderosa contra as forças do mal é a vida dos santos. De fato, são eles as joias preciosas da coroa do Senhor. Quando lemos a vida dos santos, quando conhecemos suas dores, suas lutas, a sua trajetória nos encorajamos e, percebemos que a santidade é algo possível, que conseguiremos chegar lá se a seu exemplo, não desanimarmos, mas persistirmos na nossa luta pelo Céu.

Quem foram os santos? Foram homens e mulheres que enfrentaram assim como nós, dificuldades em sua vida pessoal, familiar, no mundo em que viviam, mas que, diante de todas estas realidades assumiram um estilo de vida, a partir de um encontro que mudou as suas vidas para sempre, o encontro com Nosso Senhor Jesus Cristo.

O santo assume em sua vida, a partir do *Kerigma*, uma nova mentalidade, um novo modo de vida. Agora já não importa mais o que eles eram antes deste encontro, pois, a partir deste encontraram o tesouro perdido no campo, a pérola preciosa pela qual, vale a pena vender tudo para possuí-la. Eles se tornam mais servos, amigos de Nosso Senhor, e como seus amigos já não conseguem mais viver longe Dele.

Para Ele contam seus segredos, suas alegrias, aflições. E sempre que se sentem em perigo, quando a fé balança, ou até mesmo, quando o desânimo parece se aproximar, logo recorrem a Ele e retomam com novo ardor a caminhada na certeza de Sua companhia e presença.

Os santos não são super-heróis. Os santos são a resposta de Deus para cada tempo. O demônio não deseja que conheçamos os santos, pois na medida, que os conhecemos mais nos encorajamos e fortalecemos a nossa santidade. O mundo tem saudade dos santos, o mundo precisa de santos. Sejamos nós a resposta para esse tempo, no entanto, tomemos cuidado para não realizarmos o que seria uma tragédia para a santidade da Igreja, não busquemos ser cópias de ninguém.

É preciso ter intimidade com o Espírito Santo, nos inspirar nos santos canonizados, mas entender que nosso referencial deve ser sempre Nosso Senhor, e que nunca seremos o que os santos foram, só podemos ser aquilo que Deus sonhou para cada um de nós.

Exemplo, por mais que eu ame São Padre Pio de Pietrelcina, eu jamais serei um sacerdote como ele foi, eu preciso a partir do seu exemplo, ser o mais santo que eu puder e deixar nos tempos de hoje a minha marca de santidade, como fez o querido santinho dos estigmas.

Isto é muito importante, para que não desanimemos de sermos nós os santos deste tempo. Podemos e devemos ser aquilo que só nós podemos ser. Nisto está a grande beleza da santidade. Não há cópia, e sim, uma resposta sempre nova para cada tempo, para cada geração.

# CAPÍTULO 8

# FORTES E CORAJOSOS COMO JOSUÉ

Os exemplos de homens e mulheres guerreiros, que atendendo ao chamado de Deus, não hesitaram em fazer a Sua vontade, sempre me chamou muito atenção nas Sagradas Escrituras. Dentre tantos há um que me chama muito atenção: Josué.

Quem foi Josué? Segundo a própria Palavra de Deus, Josué foi o comandante do exército na guerra contra os amalecitas (Ex 17), foi ainda auxiliar de Moisés no Monte Sinai (Ex 24, 13; 32,17), foi também um dos enviados para o reconhecimento da Terra Prometida (Nm 13, 16), e por fim, aquele que Deus escolheu para ser o sucessor de Moisés (Dt 32, 23).

Dadas as suas referências podemos explorar um pouco a importância e a sua grandeza dentro deste nosso grande combate pela restauração e cura das nossas famílias. Há ordens que o Senhor lhe deu que cabem perfeitamente para cada um de nós combatentes, vamos a elas.

**Primeiro:** "Meu servo Moisés morreu. **Vamos, agora! Passa** o Jordão, tu e o teu povo, **e entra** na terra que dou aos filhos de Israel. Todo lugar que pisar a planta dos vossos pés, **eu vo-lo dou**, como prometi a Moisés." Js 1, 2-3.

A ordem do Senhor é clara para mim e para você. "Vamos, agora!", chega de desculpas, chega de procrastinação e de mi-mi-mi. Deus está nos convocando e nos chamando à ação neste momento, não podemos esperar mais. Você precisa se erguer e entender que a salvação da sua família está em suas mãos e em seus joelhos.

Mas, não só há ordens que denotam movimento nesta perícope. Há também promessa de reconquista: *"Todo lugar que pisar a planta dos vossos pés, eu vo-lo dou"*. Meu filho(a), Nosso Senhor está te garantindo que a vitória está diante de ti. Ele vai devolver o que é seu. Tudo aquilo que te foi roubado, e que estava sob guarda do inimigo. Levanta-te, pois há uma vitória de Deus te esperando. É preciso, é urgente colocar-se em movimento.

**Segundo:** "Enquanto viveres, **ninguém te poderá resistir; estarei contigo** como estive com Moisés; **não te deixarei nem te abandonarei. Sê firme e corajoso**, porque tu hás de introduzir esse povo na posse da terra que jurei a seus pais dar-lhes", Js 1, 5-6.

Além de garantir que nos dará a vitória, o Senhor nos garante Sua força e proteção. Ele mesmo, o Senhor estará lutando conosco e em nosso favor. Mas, é preciso, é urgente nossa tomada de decisão, pois a parcela que compete a Ele, está garantida.

Ele não nos deixará até que tenhamos terminado nossa missão. Como, já mencionado outras vezes aqui, VOCÊ NÃO ESTÁ SOZINHO(A). A luta pela restauração e salvação da sua casa é também do Senhor. Contudo, qual a postura que o Senhor espera de nós? A de coitadinho(a)? A de vítima? Não. Ele deseja te ver COMBATENTE, por isso, ordena **"Sê FIRME e CORAJOSO"**.

**Terceiro: "Têm ânimo**, pois, e sê corajoso **para cuidadosamente observares toda a Lei que Moisés**, meu servo, te prescreveu. **Não te afastes dela nem para a direita nem para a esquerda**, para que sejas feliz em todas as tuas empresas. **Traze sempre na boca as palavras deste livro da lei; medita-o dia e noite**, cuidando de fazer tudo o que nele está escrito; **assim prosperará**s em teus caminhos **e serás bem sucedido**", Js 1, 7-8.

Não há mais talvez, tem que ser certeiro nosso tiro. Já identificamos nosso adversário, já sabemos como ele age, já elaboramos a estratégia, agora é hora de atirar. Não podemos errar o alvo, pois, nesta altura do campeonato, uma bola fora, um tiro errado poderá ser fatal. É justamente para que tenhamos sucesso nesta batalha que o Senhor nos orienta, a observância irrestrita de sua LEI. Aqui está o segredo para vencer.

Lutar com a arma infalível da Palavra de Deus, sem tirar nem por. Não nos desviarmos daquilo que Ele nos pedir. Por mais, que pareça na maioria das vezes, estranho aos nossos olhos suas coordenadas, suas direções, é preciso avançar com ânimo e coragem, tendo sempre como base, as suas ORDENS.

Veja que o Senhor nos encoraja a constância, não devemos ter em nossos lábios Sua Palavra, somente nos dias que estivermos afim, no dia que quisermos. Não. Precisamos tê-la conosco e em nós todos os dias. Dia e Noite. Só assim iremos vencer e prosperar.

**Quarto:** "Isto é uma ordem: sê firme e corajoso. **Não te atemorizes**, não tenhas medo, **porque o Senhor está contigo** em qualquer parte para onde fores".

Por fim, e não menos importante, mas fundamental: lembre-se que estamos diante de uma ORDEM de DEUS. Lembremos de toda trajetória do Povo de Israel. Lembremos, que todas as vezes que este Povo o obedece, eles vencem, são abençoados e a mão poderosa de Deus os conduz. No entanto, quando desobedecem, eles colhem o fruto amargo do abandono, da escravidão e da ausência do Senhor.

Precisamos nos decidir de que lado nós estamos. É preciso se posicionar. Não há mais tempo para ficarmos em cima do muro. Não se engane, mais uma vez eu repito e insisto, não se posicionar já é um posicionamento. Não há o que temer, não há porque desanimar, Ele está conosco e no controle de tudo.

Se você chegou até aqui... Por que mesmo o Senhor te abandonaria agora? Não tenha medo, pois o medo nos paralisa, ao passo que a coragem nos coloca em movimento. O saudoso Padre Léo, nos ensinou que a CORAGEM é a força do CORAÇÃO. Ou seja, não busque fora, mas dentro TUDO aquilo que você precisa para se levantar e vencer... e não se esqueça você não é um derrotado(a), você não é um perdedor, você é GUERREIRO(A) DO SENHOR, você um(a) COMBATENTE, mãos à obra... as trombetas já anunciam a sua vitória e te convocam a LUTAR BRAVAMENTE.

Deus te abençoe, Nossa Senhora nossa general te fortaleça e São Miguel nosso guardião te proteja nesta empreitada... até aqui Ele nos sustentou: EBENEZER.

PARTE 3

# TE CONDUZIREI AO DESERTO... FALAREI AO SEU CORAÇÃO

A experiência do deserto sempre esteve presente na vida espiritual do povo de Deus. Desde o primeiro êxodo, vivido e experimentado por Israel, sob a liderança de Moisés, nosso Deus vem se utilizando desta pedagogia para nos fazer crescer, e para nos unir em maior intimidade com Ele.

Como nos diz o profeta Oséias:

> *"Protestai contra vossa mãe, protestai, porque já não é minha mulher e já não sou seu marido. Afaste ela de sua face, suas fornicações e seus adultérios de entre os seus seios, para que eu não a desnude como no dia de seu nascimento e não a torne como um deserto; para que eu não a reduza a uma terra seca e não a deixe perecer de sede."*
> Não terei compaixão de seus filhos, porque são adulterinos. Sim, sua mãe cometeu o adultério, desonrou-se aquela que o concebeu. Ela disse consigo mesma: "Seguirei os meus amantes, que me dão meu pão e minha água, minha lã e meu linho, meu óleo e minha bebida".\* Por isso, fecharei com espinhos o seu caminho e o cercarei com um muro. Ela não encontrará mais saída. Perseguirá os seus amantes mas não os alcançará; ela os procurará, mas não os encontrará. Então, dirá: "Voltarei para o meu primeiro marido, porque eu era outrora mais feliz que agora". Ela não reconheceu que era eu quem lhe dava o trigo, o vinho e o óleo, e quem lhe prodigalizava a prata e o ouro que se consagra a Baal.\* Por isso, retomarei o meu trigo no seu tempo, e o meu vinho na sua estação; retirarei minha lã e meu linho, com que

> *cobria a sua nudez. Vou descobrir sua abjeção aos olhos de seus amantes e ninguém a libertará de minha mão. Porei fim a todos os seus divertimentos, suas festividades, suas luas novas, seus sábados e a todas as suas festas. Devastarei sua vinha e sua figueira, das quais dizia: "Eis a paga que me deram meus amantes". Farei delas um matagal, que os animais selvagens devorarão. Eu a farei expiar os dias de Baal, quando lhe queimava ofertas, ataviada de seu colar e de suas joias para cortejar os seus amantes, sem pensar mais em mim – oráculo de Senhor. **Por isso a atrairei, a conduzirei ao deserto e lhe falarei ao coração.**"(Oséias 2, 4-16*

Deus é claro com o profeta. O tempo do deserto não será um tempo de castigo, de danos ou perdas, do contrário, será um tempo de reconquista, de volta, um caminho de libertação. Quando o Senhor formou para si um povo, no momento da nossa eleição, da separação do seu Israel, a única coisa que Ele nos pediu foi, FIDELIDADE.

Infelizmente pelas nossas más escolhas, pela nossa falta de vida interior e piedade, muitas das vezes nós somos seduzidos e enganados, por fantasias e promessas, de que seremos mais felizes se desposarmos os "Baals", *"Seguirei os meus amantes, que me dão meu pão e minha água, minha lã e meu linho, meu óleo e minha bebida",* Os 2,7. Somos iludidos e convencidos, falsamente, de que encontraremos um caminho de felicidade e fartura nos braços de um novo amor.

Mas, entenda aqui, (Baal) como um falso deus, ou melhor, como um "falso senhor", como um "falso amor". Toda promessa feita por ele é mentirosa, não há em nenhum "Baal"o compromisso com o amor. Na verdade, são falsos ídolos, demônios, que se apresentam em nossas vidas, com um único intuito, nos desviar da nossa meta, do nosso caminho, da fidelidade ao verdadeiro e único Deus.

Em sua aliança firmada comigo e com você, desde nossos primeiros pais, a promessa de que seríamos felizes, se vivêssemos de modo fiel, fora sempre mantida pelo Senhor.

Ele sempre cumpriu sua parte, nós que, na maioria das vezes preferimos o caminho da incerteza, do que o da retidão. Em sua infinita misericórdia e bondade, não quis Deus, que nós nos perdêssemos. É porquê nos ama, que Ele nos conduz ao deserto.

Ele nos conduz para esse lugar de seca, sem divertimentos, sem consolações, sem a fartura do tempo da bonança, para nos educar. A finalidade da privação do tempo de deserto tem como finalidade, nos fazer viver com o essencial, abrindo mão dos excessos que nos escravizam e corrompem.

No deserto, aprendemos, que nem tudo que julgávamos ser bom e essencial na nossa bagagem, na nossa vida, é tão fundamental, como parecia. Vamos aprendendo a fazer uma verdadeira limpeza dentro e fora de nós. Abrindo mão de realidades físicas, materiais e até mesmo de pessoas, que no fundo no fundo, do nosso baú, nunca foram benção, mas na verdade maldição em nossas vidas.

Um tempo marcado por renúncias e sacrifícios. O deserto nunca foi um lugar de relaxamento, frouxidão ou descanso, do contrário, sempre se configurou na caminhada de Israel, um tempo de penitência e sacrifício. Portanto, não espere deste tempo de oração, um tempo fácil e confortável, não será. Eu repito não será. Por isso, prepara seu coração e resista, insista e não pense em parar no meio do caminho.

Saiba que não lutamos com as nossas armas, nem tão pouco, com as armas deste mundo, nós lutamos com as "armas dos Espírito", sim, com os dons, as graças, as virtudes, que Ele mesmo concede, a todo aquele que crendo Nele, O pede, O solicita. Tem se sentido fraco em sua vida de fé, tem pensado em desistir de tudo, inclusive de Deus, da sua vida, casa e família? Então, este roteiro que abaixo apresento, será para você e para os "SEUS", um tempo de ressignificação, de restauração, de cura e libertação, para você e sua família.

Por que 40 dias? Já se sabe pelos estudos realizados pelos exegetas, que o número 40 nas Sagradas Escrituras estão sempre relacionados, a períodos de preparação, expectativa e mudança (Coversão). Podemos citar alguns exemplos presentes nos textos sagrados[14]:

---

14. Conforme site: https://pt.aleteia.org/2020/02/25/o-simbolismo-biblico-do-numero-40/ acessado dia 29/08/2021

- Deus fez chover 40 dias e 40 noites nos tempos de Noé (Gênesis 7, 4);
- Moisés passou 40 dias de jejum no Monte Sinai, a sós com Deus (Êxodo 24, 18);
- O povo de Israel passou 40 anos em êxodo pelo deserto rumo à Terra Prometida (Números 14, 33);
- Elias passou 40 dias e 40 noites caminhando até o Monte Horeb (1 Reis 19, 8);
- Israel viveu 40 anos de paz sob os juízes (Juízes 3, 11);
- Duraram 40 anos os reinados de Saul (Atos 13, 21), Davi (II Samuel 5, 4-5) e Salomão (I Reis 11, 42), os três primeiros reis de Israel;
- Jonas profetizou 40 dias de julgamento para que Nínive se arrependesse (Jonas 3, 4);
- Jesus foi levado por Maria e José ao templo 40 dias após Seu nascimento (Lucas 2, 22);
- Jesus jejuou durante 40 dias no deserto, onde foi tentado pelo demônio (Mateus 4, 1–2; Marcos 1, 12–13; Lucas 4, 1–2);
- Durante 40 dias, Jesus ressuscitado instruiu os discípulos antes de subir ao Céu e enviar o Espírito Santo (Atos 1, 1-3).

Na Audiência Geral de 22 de fevereiro de 2012, o **Papa emérito Bento XVI** falou do significado litúrgico dos "quarenta dias da Quaresma", resumindo-os assim:

*"Trata-se de um número que exprime o tempo da expectativa, da purificação, do regresso ao Senhor e*

*da consciência de que Deus é fiel às Suas promessas".*

É exatamente essa a proposta deste caminho de quarenta dias que vamos fazer. Serão dias intensos de oração, penitências e sacrifícios, que terão como grande meta a volta da nossa casa, da nossa família, daqueles que amamos para o Senhor. Não estaremos sozinhos neste itinerário. Seremos acompanhados pelos santos, testemunhas fiéis e autênticas, de Jesus Cristo, que souberam melhor do que nós, e antes de nós, como fazer das suas cruzes, uma escada para o Céu. Junto deles, meditando diariamente uma máxima dos seus pensamentos, diante de Jesus Eucarístico, fonte de toda graça e todo bem, queremos e vamos declarar a vitória do Senhor, em nossa casa, proclamando: "Deus os meus são teus. Tudo que estava morto, voltará a vida, pois eu CREIO no Deus do impossível".

Será um caminho simples e objetivo que pressuporá dedicação, disciplina e organização, característica de todo bom combatente. Vamos juntos?

Para cada dia destes 40 que vamos viver juntos nesta travessia teremos a companhia de um santo, que por meio, de um dos seus pensamentos prepararão nosso interior para o combate da oração. Há também um texto bíblico que iluminará nosso caminhar e nos nutrirá na caminhada. No fim, uma pequena oração para te auxiliar a se aproximar de modo acertado de Jesus.

O ideal é realizar estas orações sempre no mesmo horário, pois isto, criará em você ritmo e constância espiritual. Faremos esse itinerário na presença de Jesus Sacramentado, pois é Ele o autor de toda graça, de toda benção e milagre.

## DIA 1

*"A comunhão reprime as nossas paixões: ira e sensualidade principalmente."*
(São Bernardo de Claraval)

**Palavra de Deus: Gl 5, 19-21**

*"Ora, as obras da carne são estas: fornicação, impureza, libertinagem, idolatria, superstição, inimizades, brigas, ciúmes, ódio, ambição, discórdias, partidos, invejas, bebedeiras, orgias e outras coisas semelhantes. Dessas coisas vos previno, como já vos preveni: os que as praticarem não herdarão o Reino de Deus!"*

**Oração:** Deus de amor e misericórdia, a Tua Graça é capaz de transformar tudo que dentro de mim não é evangelizado. Tudo que dentro de mim não é bom. Peço-te que neste dia, ao iniciar esta caminhada de restauração da minha casa e família, o Senhor me ajude e sustente para que eu chegue até o fim. Eu declaro, "Deus os meus são Teus". Eu assumo meu posto de combatente e preparo minhas armas espirituais para a guerra.

O que mais te tocou neste dia? O que Deus te falou?

_____
_____
_____
_____
_____

## DIA 2

*"Quando Jesus está presente corporalmente em nós, ao redor de nós, montam guarda de amor os anjos."*
São Bernardo de Claraval

**Palavra de Deus: Ap 5, 11-12**
*"Na minha visão ouvi também, ao redor do trono, dos Animais e dos Anciãos, a voz de muitos anjos, em número miríades de miríades e milhares de milhares, bradando em alta voz: 'Digno é o Cordeiro imolado de receber o poder, a riqueza, a sabedoria, a força, a glória, a honra e o louvor'.*

**Oração: Santos Anjos adoradores, vós que estais diante do Trono de Deus, ensinai-nos a verdadeira adoração, pois, precisamos da vossa direção, da vossa força e constância, para vencermos esta batalha que travamos nestes dias, por aqueles que amamos, e pelos quais rezamos neste tempo de combate espiritual.**

O que mais te tocou neste dia? O que Deus te falou?

# DIA 3

*"A Eucaristia dá-nos uma grande inclinação para a virtude, uma grande paz e torna mais fácil o caminho para a santificação."*
São João Crisóstomo

## Palavra de Deus: Is 35, 1-10

*"O deserto e a terra árida se regozijarão. A estepe vai alegrar-se e florir. Como o lírio, ela florirá, exultará de júbilo e gritará de alegria. A glória do Líbano lhe será dada, o esplendor do Carmelo e de Saron; será vista a glória do Senhor e a magnificência do nosso Deus. Fortificai as mãos desfalecidas, robustecei os joelhos vacilantes. Dizei àqueles que têm o coração perturbado: 'Tomai ânimo, não temais! Eis o vosso Deus! Ele vem executar a vingança. Eis que chega a retribuição de Deus: ele mesmo vem salvar-vos'. Então, se abrirão os olhos do cego. E se desimpedirão os ouvidos dos surdos; então, o coxo saltará como um cervo, e a língua do mudo dará gritos alegres. Porque águas jorrarão no deserto e torrentes, na estepe.\* A terra queimada se converterá num lago, e a região da sede, em fontes. No covil dos chacais crescerão caniços e papiros.\* E haverá uma vereda pura, que se chamará o caminho santo; nenhum ser impuro passará por ele, e os insensatos não rondarão por ali.\* Nele não se encontrará leão, nenhum animal feroz transitará por ele; mas por ali caminharão os remidos, por ali voltarão aqueles que o Senhor tiver libertado. Eles chegarão a Sião com cânticos de triunfo, e uma

*alegria eterna coroará sua cabeça; a alegria e o gozo os possuirão; a tristeza e os queixumes fugirão."*

**Oração: Senhor Jesus, nós te pedimos: assim como nos prometeu a profecia de Isaías, que os desertos florirão, que as mãos do vosso povo serão fortalecidas, que os ouvidos se abrirão, eu clamo Senhor o cumprimento desta Palavra na minha casa. Eu tomo posse desse tempo de graça que se aproxima de mim e dos meus. Devolve o ânimo, a coragem e a esperança para minha família, Senhor Jesus. Amém.**

O que mais te tocou neste dia? O que Deus te falou?

# DIA 4

*"No altar, sob as aparências de pão e de vinho, está presente o próprio Jesus, vivo e glorioso, revestido daquela carne humana com que outrora Ele se ofereceu e ainda hoje continua se oferecendo todos os dias como vítima ao divino Pai. Aprende, ó homem, a amar Jesus. Ele é a sabedoria, Ele é a prudência, Ele é a força, nele está a inteligência de tudo, Ele é a vida, Ele é o sustento, o pão dos anjos, a refeição dos justos, Ele é a luz dos olhos, nele está a nossa Paz."*
**Santo Antônio de Pádua**

## Palavra de Deus: Jo 6, 48-58

*"Eu sou o pão da vida. Vossos pais, no deserto, comeram o maná e morreram. Este é o pão que desceu do céu, para que não morra todo aquele que dele comer. Eu sou o pão vivo que desceu do céu. Quem comer deste pão viverá eternamente. E o pão, que eu hei de dar, é a minha carne para a salvação do mundo'. A essas palavras, os judeus começaram a discutir, dizendo: 'Como pode este homem dar-nos de comer a sua carne?'. Então, Jesus lhes disse: 'Em verdade, em verdade vos digo: se não comerdes a carne do Filho do Homem, e não beberdes o seu sangue, não tereis a vida em vós mesmos. Quem come a minha carne e bebe o meu sangue tem a vida eterna; e eu o ressuscitarei no último dia. Pois a minha carne é verdadeiramente uma comida e o meu sangue, verdadeiramente uma bebida. Quem come a minha carne e bebe o meu sangue permanece em mim e eu nele. Assim como o Pai que me enviou vive, e eu vivo pelo Pai, assim também aquele que comer a minha carne viverá por*

*mim. Este é o pão que desceu do céu. Não como o maná que vossos pais comeram e morreram. Quem come deste pão viverá eternamente'.*

**Oração: Senhor Jesus, nossa alma está sedenta. Precisamos da Tua força. Dá-nos deste Pão, sem Ti nada podemos fazer. Podes tocar em nossas feridas, em nossa alma. São tantas as dificuldades que todos os dias enfrentamos para permanecermos em pé. Nossa casa está em tuas mãos, nós te entregamos nossa família, alimente-os Senhor. Que eles sintam fome e sede de Ti. (3x), amém.**

O que mais te tocou neste dia? O que Deus te falou?

# DIA 5

*"O Santíssimo Sacramento é fogo que nos inflama de modo que, retirando-o do altar, espargimos tais chamas de amor que nos tornam terríveis ao inferno."*
**Santo Ambrósio**

## Palavra de Deus: Ex 3, 1-14

*"Moisés apascentava o rebanho de Jetro, seu sogro, sacerdote de Madiã. Um dia em que conduzira o rebanho para além do deserto, chegou até a montanha de Deus, Horeb. O anjo do Senhor apareceu-lhe numa chama (que saía) do meio a uma sarça. Moisés olhava: a sarça ardia, mas não se consumia.\* 'Vou me aproximar – disse ele consigo – para contemplar esse extraordinário espetáculo, e saber por que a sarça não se consome'. Vendo o Senhor que ele se aproximou para ver, chamou-o do meio da sarça: 'Moisés, Moisés!'. 'Eis-me aqui!' – respondeu ele. E Deus: 'Não te aproximes daqui. Tira as sandálias dos teus pés, porque o lugar em que te encontras é uma terra santa. Eu sou – ajuntou ele – o Deus de teu pai, o Deus de Abraão, o Deus de Isaac e o Deus de Jacó'. Moisés escondeu o rosto, e não ousava olhar para Deus.\* O Senhor disse: 'Eu vi, eu vi a aflição de meu povo que está no Egito, e ouvi os seus clamores por causa de seus opressores. Sim, eu conheço seus sofrimentos. E desci para livrá-lo da mão dos egípcios e para fazê-lo subir do Egito para uma terra fértil e espaçosa, uma terra que mana leite e mel, lá onde habitam os cananeus, os hiteus, os amorreus, os ferezeus, os heveus e os jebuseus. Agora, eis que os clamores dos israelitas chegaram até mim, e vi a opressão que lhes fazem os egípcios. Vai, eu te envio ao faraó para tirar do Egito os israelitas, meu povo'. Moisés disse a Deus: 'Quem sou eu para ir ter com o faraó*

*e tirar do Egito os israelitas?'. 'Eu estarei contigo – respondeu Deus –; e eis aqui um sinal de que sou eu que te envio: quando tiveres tirado o povo do Egito, servireis a Deus sobre esta montanha. Moisés disse a Deus: 'Quando eu for para junto dos israelitas e lhes disser que o Deus de seus pais me enviou a eles, que lhes responderei se me perguntarem qual é o seu nome?'. Deus respondeu a Moisés: 'Eu sou aquele que sou'. E ajuntou: 'Eis como responderás aos israelitas: (Aquele que se chama) 'Eu sou' envia-me junto de vós'."*

**Oração: Meu Deus, O Senhor me conhece, sabes do que tenho passado. Conheces minhas angústias e aflições. Os sofrimentos pelos quais eu tenho passado, não lhe são indiferentes. O Senhor se importa comigo. Assim como viestes ao encontro de Moisés e do Povo da Antiga Aliança, libertando-os da tirania do Faraó. Vem em nosso auxílio, vem lutar por nós e por nossa causa. Vence Senhor Jesus todos os inimigos que tem se erguido contra os meus. Vence pelo poder da Tua Santa Cruz. Eu declaro a Tua vitória em minhas batalhas. Amém.**

O que mais te tocou neste dia? O que Deus te falou?

_____
_____
_____
_____

## DIA 6

*"Ficai certos de que todos os instantes da vossa vida, o tempo que passardes diante do Divino Sacramento será o que vos dará mais força durante a vida, mais consolação na hora da morte e durante a eternidade."*
**Santo Afonso Maria de Ligório**

**Palavra de Deus: 2 Cor 9, 6-8**
*"Convém lembrar: aquele que semeia pouco, pouco ceifará. Aquele que semeia em profusão, em profusão ceifará. Dê cada um conforme o impulso do seu coração, sem tristeza nem constrangimento. Deus ama o que dá com alegria.\* Poderoso é Deus para cumular-vos com toda a espécie de benefícios, para que, tendo sempre e em todas as coisas o necessário, vos sobre ainda muito para toda espécie de boas obras."*

**Oração: Senhor Jesus. Não queremos semear pouco. Queremos semear muito, afim de que, nossa colheita seja farta. Fortalece os nossos joelhos e a nossa fé, para que, os minutos passados em sua Santa e Adorável presença sejam aproveitados com grande êxito. Que nossa alma seja eucaristizada. Que sejamos abrasados, pelo mesmo amor, que tiveram os santos pela adoração, por Sua presença Real. Por este momento sublime e único de uma alma que ama. Que eu te ame cada vez mais, que eu**

te deseje cada vez mais. Que eu seja sempre atraído por ti, meu Deus, meu amado, meu Bom Pastor.

O que mais te tocou neste dia? O que Deus te falou?

# DIA 7

*"Bons amigos encontram prazer na companhia um do outro. Vamos conhecer o prazer na companhia de nosso melhor amigo, um amigo que pode fazer tudo por nós, um amigo que nos ama além da medida. No Santíssimo Sacramento podemos conversar com ele diretamente do coração."*
**Santo Afonso Maria de Ligório**

**Palavra de Deus: Lc 10, 38-42**
*"Estando Jesus em viagem, entrou numa aldeia, onde uma mulher, chamada Marta, o recebeu em sua casa.\* Tinha ela uma irmã por nome Maria, que se assentou aos pés do Senhor para ouvi-lo falar. Marta, toda preocupada na lida da casa, veio a Jesus e disse: 'Senhor, não te importas que minha irmã me deixe só a servir? Dize-lhe que me ajude'. Respondeu-lhe o Senhor: 'Marta, Marta, andas muito inquieta e te preocupas com muitas coisas; no entanto, uma só coisa é necessária; Maria escolheu a boa parte, que lhe não será tirada'."*

**Oração: Senhor Jesus ajuda-me a escolher a melhor parte sempre. Não permita que o meu coração se desvie da sua vontade. Que os meus passos sejam sempre em direção a grande meta do Céu. Ajuda-me a ser santo, ajuda-me a ser sinal do teu amor e santidade junto dos meus. Quero ser seu amigo, quero ter intimidade contigo.**

O que mais te tocou neste dia? O que Deus te falou?

_____

_____

# DIA 8

*"Podemos abrir nossas almas para Ele, dizer a Ele o que precisamos, implorar por graças poderosas. Somos perfeitamente livres para abordar o Rei do universo com total confiança e sem medo."*
Santo Afonso Maria de Ligório

### Palavra de Deus: Is 41, 8-11

*"Mas tu, Israel, meu servo, Jacó que escolhi, raça de Abraão, meu amigo,\* tu, que eu trouxe dos confins da terra, e que fiz vir do fim do mundo, e a quem eu disse: 'Tu és meu servo, eu te escolhi, e não te rejeitei';\* nada temas, porque estou contigo, não lances olhares desesperados, pois eu sou teu Deus; eu te fortaleço e venho em teu socorro, eu te amparo com minha destra vitoriosa. Vão ficar envergonhados e confusos todos aqueles que se revoltaram contra ti; serão aniquilados e destruídos aqueles que te contradizem."*

**Oração:** Eis-me aqui, Senhor Jesus. Com a minha história, com as minhas angústias, desafios, lutas, tribulações, sofrimentos, mas confio em Seu Imenso Amor por mim. Sei, que minha oração não ficará sem resposta, pois sois um Deus amoroso e generoso, que sempre está disposto a me ouvir, amar, aconselhar, abençoar. Me ajude Senhor Jesus, eu preciso de Ti. Minha casa precisa de Ti, minha família precisa de Ti.

O que mais te tocou neste dia? O que Deus te falou?

_____

_____

_____

_____

**DIA 9** *"É verdade que Nosso Senhor ouve nossas orações em qualquer lugar, pois Ele fez a promessa: 'Peça e você receberá', mas Ele revelou a Seus servos que aqueles que O visitam no Santíssimo Sacramento obterão uma medida de graça mais abundante."*
**Santo Afonso Maria de Ligório**

### Palavra de Deus: Mt 7, 7-11
*"Pedi e se vos dará. Buscai e achareis. Batei e vos será aberto. Porque todo aquele que pede, recebe. Quem busca, acha. A quem bate, se abrirá. Quem dentre vós dará uma pedra a seu filho, se este lhe pedir pão? E, se lhe pedir um peixe, lhe dará uma serpente? Se vós, pois, que sois maus, sabeis dar boas coisas a vossos filhos, quanto mais vosso Pai celeste dará boas coisas aos que lhe pedirem."*

**Oração: Senhor Jesus, eu preciso confiar mais, pois só é capaz de pedir, de pedir bem, aquele que confia, aquele que acredita. Ajuda-me a crer, a ser um homem de fé. Que minha esperança e segurança estejam depositadas em Ti e em ninguém mais. Obrigado Senhor Jesus, por sempre, me sustentar e guardar. Diante da Sua adorável presença eu Te peço: ouve o meu clamor, atende a minha oração.**

O que mais te tocou neste dia? O que Deus te falou?

# DIA 10

*"Nós não saberíamos dar maior alegria ao nosso inimigo, o demônio, do que afastando-nos de Jesus, o qual lhe tira o poder que ele tem sobre nós."*
**Santa Margarida Maria Alacoque**

## Palavra de Deus: Jr 2, 12-17

*"Ó céus, pasmai, tremei de espanto e horror – oráculo do Senhor. Porque meu povo cometeu uma dupla perversidade: abandonou-me, a mim, fonte de água viva, para cavar cisternas, cisternas fendidas que não retêm a água. Israel é servo, porventura? É escravo nascido na própria casa? Por que foi entregue à pilhagem? Rugiram contra ele os leões enfurecidos; transformando a região em deserto, as cidades foram entregues às chamas, e já não possuem habitantes. Até os homens de Mênfis e de Táfnis te raparam a cabeça. Não te aconteceu tudo isso por haveres abandonado o Senhor, teu Deus, quando te guiava pelo caminho?"*

**Oração: Senhor Jesus, perdão pelas vezes eu que eu Te abandonei. Pelas vezes em que troquei a Fonte de Água Viva, pelas fontes de águas estragadas deste mundo. Aceita-me de volta Senhor. Preciso beber de novo desta fonte, já não posso mais, somente Tu Senhor, podes matar a minha sede. Sede de Ti, sede de ser feliz, sede de sentido de vida, sede da alegria. Nós exorcizamos da nossa vida tudo que nos separa de Ti, amém.**

O que mais te tocou neste dia? O que Deus te falou?

# DIA 11

*"A devoção ao Santíssimo Sacramento e a devoção à Santíssima Virgem são, não o melhor, mas o único meio para se conservar a pureza. Somente a comunhão é capaz de conservar um coração puro aos 20 anos. Não pode haver castidade sem a Eucaristia."*
São Filipe Neri

**Palavra de Deus: Gl 5, 24-25**
*"Pois os que são de Jesus Cristo crucificaram a carne, com as paixões e concupiscências. Se vivemos pelo Espírito, andemos também de acordo com o Espírito."*

**Oração: Dai-me Teu Espírito Senhor, só Ele pode me dar as armas espirituais que preciso, para enfrentar as tentações que me seduzem, que me dominam. Eu não quero, eu não posso mais viver assim, refém de mim mesmo. Por isso, eu peço, eu clamo, eu chamo, Vem Espírito Santo. Me ajude a melhorar nos pontos, em que eu ainda me sinto frágil, fraco e pecador. Amém.**

O que mais te tocou neste dia? O que Deus te falou?

_____
_____
_____
_____

# DIA 12

*"O tempo passado diante do Sacrário é o tempo mais bem empregado da minha vida."*
**Santa Catarina de Gênova**

**Palavra de Deus: Sl 83, 1-12**

*"Ao mestre de canto. Com a Gitiena. Salmo dos filhos de Coré. Como são amáveis as vossas moradas, Senhor dos exércitos! Minha alma desfalecida se consome suspirando pelos átrios do Senhor. Meu coração e minha carne exultam pelo Deus vivo. Até o pássaro encontra um abrigo, e a andorinha faz um ninho para pôr seus filhos. Ah, vossos altares, Senhor dos exércitos, meu rei e meu Deus! Felizes os que habitam em vossa casa, Senhor: aí eles vos louvam para sempre. Feliz o homem cujo socorro está em vós, e só pensa em vossa santa peregrinação. Quando atravessam o vale árido, eles o transformam em fontes, e a chuva do outono vem cobri-los de bênçãos. Seu vigor aumenta à medida que avançam, porque logo verão o Deus dos deuses em Sião. Senhor dos exércitos, escutai minha oração, prestai-me ouvidos, ó Deus de Jacó. Ó Deus, nosso escudo, olhai; vede a face daquele que vos é consagrado.\* Verdadeiramente, um dia em vossos átrios vale mais que milhares fora deles. Prefiro deter-me no limiar da casa de meu Deus a morar nas tendas dos pecadores. Porque o Senhor Deus é nosso sol e nosso escudo, o Senhor dá a graça e a glória. Ele não recusa os seus bens àqueles que caminham na inocência. Ó Senhor dos exércitos, feliz o homem que em vós confia.*

**Oração: Escutai Senhor a minha oração. Atendei o meu clamor. Tu és o Senhor dos exércitos, Deus**

de toda bondade e consolação. Terrível com os seus inimigos, amoroso com seus filhos. Ajuda-me Senhor, que ame cada vez mais estar aqui aos seus pés. Aqui me encontro, aqui me sinto forte, daqui emana a santidade que eu tanto persigo. Ajuda-me Senhor, eu preciso de Ti.

O que mais te tocou neste dia? O que Deus te falou?

**DIA 13** *"Não omitais nunca a visita a cada dia ao Santíssimo Sacramento, ainda que seja muito breve, mas contanto que seja constante. Quereis que o Senhor vos dê muitas graças? Visitai-o muitas vezes. Quereis que Ele vos dê poucas graças? Visitai-o poucas vezes. Quereis que o demônio vos assalte? Visitai raramente a Jesus Sacramentado. Quereis que o demônio fuja de vós? Visitai a Jesus muitas vezes. Quereis vencer ao demônio? Refugiai-vos sempre aos pés de Jesus. Quereis ser vencidos? Deixai de visitar Jesus..."*
São João Bosco

**Palavra de Deus: Tg 4, 1-7**
*"Donde vêm as lutas e as contendas entre vós? Não vêm elas de vossas paixões, que combatem em vossos membros? Cobiçais, e não recebeis; sois invejosos e ciumentos, e não conseguis o que desejais; litigais e fazeis guerra. Não obtendes, porque não pedis.\* Pedis e não recebeis, porque pedis mal, com o fim de satisfazerdes as vossas paixões. Adúlteros, não sabeis que o amor do mundo é abominado por Deus? Todo aquele que quer ser amigo do mundo constitui-se inimigo de Deus. Ou imaginais que em vão diz a Escritura: 'Sois amados até o ciúme pelo espírito que habita em vós?' Deus, porém, dá uma graça ainda mais abundante. Por isso, ele diz: Deus resiste aos soberbos, mas dá sua graça aos humildes (Pr 3, 34). Sede submissos a Deus. Resisti ao demônio, e ele fugirá para longe de vós.*

**Oração:** Senhor Deus, nós precisamos de constância e autoridade espiritual. Estamos sendo alvejados de todos os lados. Nossos inimigos se levantam cada vez mais contra nós e a sua Igreja. Contra nossa casa e a sua casa. Por isso, nós vos pedimos neste tempo de caminhada quaresmal, vem viver em nós. Vem habitar com mais autoridade e poder. Eu devolvo o governo da minha história, das minhas emoções e sentimentos em suas mãos santas e benditas. Que eu cresça ainda mais, na virtude do amor. Que eu ame, ame e ame todos aqueles que me destes como herança.

O que mais te tocou neste dia? O que Deus te falou?

## DIA 14

*"Enquanto existir a Eucaristia eu nunca estarei só. Enquanto existir um sacrário, não terei solidão."*
**Chiara Lubic**

**Palavra de Deus: Js 1, 1-9**

*"Após a morte de Moisés, servo do Senhor, o Senhor disse a Josué, filho de Nun, assistente de Moisés. 'Meu servo Moisés morreu. Vamos, agora! Passa o Jordão, tu e todo o povo, e entra na terra que dou aos filhos de Israel. Todo lugar que pisar a planta de vossos pés, eu vo-lo dou, como prometi a Moisés. O vosso território se estenderá desde esse deserto e desde o Líbano até o grande rio Eufrates – todo o país dos hiteus – e até o mar Grande para o ocidente. Enquanto viveres, ninguém te poderá resistir; estarei contigo como estive com Moisés; não te deixarei nem te abandonarei. Sê firme e corajoso, porque tu hás de introduzir esse povo na posse da terra que jurei a seus pais dar-lhes. Tem ânimo, pois, e sê corajoso para cuidadosamente observares toda a lei que Moisés, meu servo, te prescreveu. Não te afastes dela nem para a direita nem para a esquerda, para que sejas feliz em todas as tuas empresas. Traze sempre na boca as palavras deste livro da lei; medita-o dia e noite, cuidando de fazer tudo o que nele está escrito; assim prosperarás em teus caminhos e serás bem sucedido'."*

**Oração: Cura Senhor nosso coração de toda solidão. Quantas vezes nos sentimos sozinhos**

e desamparados diante de situações que fogem ao nosso controle. Mas, o Senhor estava lá. O Senhor sempre está. Ajuda-me a enxergar, a acreditar e viver isso, com intensidade e unção, não permitas Senhor, que as nossas dificuldades e tristezas, roubem de nós a certeza de que é o Senhor, quem nos sustenta, quem nos levanta. Que tenhamos ânimo para irmos para onde o Senhor nos mandar, eu quero ser Senhor, forte e corajoso como Josué. Faz-me forte e santo, forte e corajoso, amém.

O que mais te tocou neste dia? O que Deus te falou?

# DIA 15

*"Onde não há obediência, não há virtude. Onde não há virtude, não há bem, não há amor; e onde não há amor, não há Deus; e sem Deus não se chega ao Paraíso. Tudo isso é como uma escada: se faltar um degrau, caímos."*
São Padre Pio de Pietrelcina

## Palavra de Deus: 1 Cor 13, 1-13

*"Ainda que eu falasse as línguas dos homens e dos anjos, se não tiver caridade, sou como o bronze que soa, ou como o címbalo que retine. Mesmo que eu tivesse o dom da profecia, e conhecesse todos os mistérios e toda a ciência; mesmo que tivesse toda a fé, a ponto de transportar montanhas, se não tiver caridade, não sou nada. Ainda que distribuísse todos os meus bens em sustento dos pobres, e ainda que entregasse o meu corpo para ser queimado, se não tiver caridade, de nada valeria! A caridade é paciente, a caridade é bondosa. Não tem inveja. A caridade não é orgulhosa. Não é arrogante. Nem escandalosa. Não busca os seus próprios interesses, não se irrita, não guarda rancor. Não se alegra com a injustiça, mas se rejubila com a verdade. Tudo desculpa, tudo crê, tudo espera, tudo suporta. A caridade jamais acabará. As profecias desaparecerão, o dom das línguas cessará, o dom da ciência findará. A nossa ciência é parcial, a nossa profecia é imperfeita. Quando chegar o que é perfeito, o imperfeito desaparecerá. Quando eu era criança, falava como criança, pensava como criança, raciocinava como criança. Desde que me tornei homem, eliminei as coisas de criança. Hoje vemos como por um espelho, confusa-*

*mente; mas então veremos face a face. Hoje conheço em parte; mas então conhecerei totalmente, como eu sou conhecido. Por ora subsistem a fé, a esperança e a caridade – as três. Porém, a maior delas é a caridade."*

**Oração: Senhor Jesus, o amor não é um sentimento, o Amor é uma pessoa. Tu és Amor Senhor. Eu quero e preciso Te amar mais, Te servir melhor e com maior zelo. Não há como crescer no amor e intimidade à distância. É preciso estreitar laços. É preciso sair da superficialidade e mergulhar mais, ir às profundezas do seu e do nosso coração, para sermos todo Teu e o Senhor ser todo nosso. O amor tudo suporta e tudo crê. Ajuda-me a ser SUPORTE em minha casa e família. Que eu diga todos os dias ao me levantar que eu AME como eu sou AMADO por Ti. Pai de amor e misericórdia pelo poder do seu nome me ensine a amar de verdade, amém.**

O que mais te tocou neste dia? O que Deus te falou?

_____

_____

_____

_____

_____

# DIA 16

*"A sua casa deve ser uma escada para o Céu."*
São Padre Pio de Pietrelcina

**Palavra de Deus: Ef 5, 1-2.21-30**
*"Sede, pois, imitadores de Deus, como filhos muito amados. Progredi na caridade, segundo o exemplo de Cristo, que nos amou e por nós se entregou a Deus como oferenda e sacrifício de agradável odor.
Sujeitai-vos uns aos outros no temor de Cristo. As mulheres sejam submissas a seus maridos, como ao Senhor, pois o marido é o chefe da mulher, como Cristo é o chefe da Igreja, seu corpo, da qual ele é o Salvador. Ora, assim como a Igreja é submissa a Cristo, assim também o sejam em tudo as mulheres a seus maridos. Maridos, amai as vossas mulheres, como Cristo amou a Igreja e se entregou por ela, para santificá-la, purificando-a pela água do batismo com a palavra,\* para apresentá-la a si mesmo toda gloriosa, sem mácula, sem ruga, sem qualquer outro defeito semelhante, mas santa e irrepreensível. Assim os maridos devem amar as suas mulheres, como a seu próprio corpo. Quem ama a sua mulher ama-se a si mesmo. Certamente, ninguém jamais aborreceu a sua própria carne; ao contrário, cada qual a alimenta e a trata, como Cristo faz à sua Igreja – porque somos membros de seu corpo."*

**Oração:** Senhor somos membros do Teu corpo místico. Queremos e desejamos o Céu, mas nem sempre conseguimos ser o testemunho, que deveríamos ser na vida das pessoas. Não são raras às vezes, em que matamos, ferimos e julgamos os nossos, mas há sempre de vossa parte uma grandiosa colaboração para aqueles que Te buscam de coração sincero. Eis-me aqui. Bato na porta do seu coração eucarístico e Te peço, ajuda-me a ser Santo, eu quero ser um imitador Seu Senhor Jesus, e não uma imitação das coisas do mundo, corrompidas pelo pecado. Ajuda-me Senhor, dai-me Tua GRAÇA, pois sem ela, nada podemos fazer.

O que mais te tocou neste dia? O que Deus te falou?

# DIA 17

*"Nos livros, procuramos Deus; na oração, encontramo-Lo. A oração é a chave que abre o coração de Deus."*
São Padre Pio de Pietrelcina

**Palavra de Deus: Lc 11, 1-4**
*"Um dia, num certo lugar, estava Jesus a rezar. Terminando a oração, disse-lhe um de seus discípulos: 'Senhor, ensina-nos a rezar, como também João ensinou a seus discípulos'. Disse--lhes ele, então: 'Quando orardes, dizei: Pai, santificado seja o vosso nome; venha o vosso Reino;\* dai-nos hoje o pão necessário ao nosso sustento; perdoai-nos os nossos pecados, pois também nós perdoamos àqueles que nos ofenderam; e não nos deixeis cair em tentação'."*

**Oração: Pai, Nosso Papai querido, rezar não é fácil. Quantas vezes pensamos em desistir de tudo, mas a primeira prática que o diabo rouba de nós, é o gosto pela oração, da vida de piedade, e de recolhimento interior. Ele semeia diante da alma que crê, inúmeras distrações. Ele faz de tudo para que nós não cresçamos em nossa vida mística, pois sabe, que na medida que crescemos interiormente nos tornamos mais fortes contra ele e sua nefasta ação. Por isso, Senhor Jesus, nos Vos pedimos como um dia pediram os apóstolos, Mestre ensina-nos a rezar... amém.**

O que mais te tocou neste dia? O que Deus te falou?

_____

_____

**DIA 18** *"Quando o demônio não pode entrar com o pecado no santuário de uma alma, quer pelo menos que ela fique vazia, sem dono e afastada da comunhão."*
**Santa Teresinha do Menino Jesus**

## Palavra de Deus: Mt 12, 22-37

*"Apresentaram-lhe, depois, um possesso cego e mudo. Jesus o curou de tal modo, que este falava e via. A multidão, admirada, dizia: 'Não será este o filho de Davi?'. Mas, ouvindo isso, os fariseus responderam: 'É por Beelzebul, chefe dos demônios, que ele os expulsa'. Jesus, porém, penetrando nos seus pensamentos, disse: 'Todo reino dividido contra si mesmo será destruído. Toda cidade, toda casa dividida contra si mesma não pode subsistir. Se Satanás expele Satanás, está dividido contra si mesmo. Como, pois, subsistirá o seu reino? E se eu expulso os demônios por Beelzebul, por quem é que vossos filhos os expulsam? Por isso, eles mesmos serão vossos juízes. Mas, se é pelo Espírito de Deus que expulso os demônios, então chegou para vós o Reino de Deus. Como pode alguém penetrar na casa de um homem forte e roubar--lhe os bens, sem ter primeiro amarrado este homem forte? Só então pode roubar sua casa. Quem não está comigo está contra mim; e quem não ajunta comigo, espalha. Por isso, eu vos digo: todo pecado e toda blasfêmia serão perdoados aos homens, mas a blasfêmia contra o Espírito não lhes será perdoada.\* Todo o que tiver falado contra o Filho do Homem será perdoado. Se, porém, falar contra o Espírito Santo, não alcançará perdão nem neste século nem no século vindouro. Ou dizeis que a árvore é boa e seu fruto bom, ou dizeis que é má e seu fruto, mau; porque é pelo fruto que se conhece a*

*árvore. Raça de víboras, maus como sois, como podeis dizer coisas boas? Porque a boca fala do que lhe transborda do coração. O homem de bem tira boas coisas de seu bom tesouro. O mau, porém, tira coisas más de seu mau tesouro. Eu vos digo: no dia do juízo os homens prestarão contas de toda palavra vã que tiverem proferido. É por tuas palavras que serás justificado ou condenado'."*

**Oração: Senhor, assim como a árvore é reconhecida pelos frutos que dá, eu também sou chamado a dar autênticos frutos de conversão, de mudança de vida e de amor por Ti. Preenche meu interior com a Sua presença, com Sua graça e Seu amor de Pai. Só assim serei fecundado, só assim estarei pronto para ser fecundo. Perdão Senhor, pelas vezes em que não me preocupei com a minha missão e apostolado. Pelas vezes que fui negligente com os dons que o Senhor me concedeu. Pelas vezes que não pus em prática, tudo que de Vós recebi. Misericórdia Senhor, compaixão de nós. Amém.**

O que mais te tocou neste dia? O que Deus te falou?

_____

_____

_____

_____

_____

# DIA 19

*"Não há meio melhor para se chegar à perfeição."*
Santa Teresa D'Avila

## Palavra de Deus: 1 Pd 1, 15-16

*"A exemplo da santidade daquele que vos chamou, sede também vós santos em todas as vossas ações, pois está escrito: Sede santos, porque eu sou santo (Lv 11,44)."*

**Oração:** Senhor eu quero ser Santo. Sozinho eu não consigo. Sem Ti, não tenho forças, longe de Ti a única coisa que consigo fazer, é Te entristecer. Por isso, Te peço, que me ajudes. É aqui o meu lugar, aos Teus pés, diante da Sua presença eucarística é que minha vida se santifica. Eu quero amar ainda mais o Seu Corpo e Sangue, como os santos foram forjados diante de Ti, forja-me Senhor, de acordo com o Teu querer e Tua vontade. Faz crescer em mim Senhor o desejo do céu.

O que mais te tocou neste dia? O que Deus te falou?

# DIA 20

*"Tempo de ganhar muitas graças."*
São João de Ávila

**Palavra de Deus: Ef 2, 1-10**

*"E vós outros estáveis mortos por vossas faltas, pelos pecados\* que cometestes outrora seguindo o modo de viver deste mundo, do príncipe das potestades do ar, do espírito que agora atua nos rebeldes.\* Também nós todos éramos deste número quando outrora vivíamos nos desejos carnais, fazendo a vontade da carne e da concupiscência. Éramos como os outros, por natureza, verdadeiros objetos da ira (divina).\* Mas Deus, que é rico em misericórdia, impulsionado pelo grande amor com que nos amou, quando estávamos mortos em consequência de nossos pecados, deu-nos a vida juntamente com Cristo – é por graça que fostes salvos! –,\* juntamente com ele nos ressuscitou e nos fez assentar nos céus, com Cristo Jesus. Ele demonstrou assim pelos séculos futuros a imensidão das riquezas de sua graça, pela bondade que tem para conosco, em Jesus Cristo. Porque é gratuitamente que fostes salvos mediante a fé. Isto não provém de vossos méritos, mas é puro dom de Deus. Não provém das obras, para que ninguém se glorie."*

**Oração: Senhor Jesus, dai-me tua GRAÇA. Eu quero ser um vaso novo, eu quero ser uma pessoa melhor, na minha casa, na minha família, no meu trabalho, no lugar dos meus estudos. Quero viver com intensidade e fé este**

tempo especial preparado para mim e para os meus. Não posso mais adiar, tem que ser agora, tem que ser neste momento Senhor Jesus, a hora de lutar pela salvação e restauração daqueles que eu amo e quero ver no Céu, é hoje. Por isso, dai-me Tua força e Teu poder, que eu não retroceda nenhum passo atrás, mas continue firme até o Céu, amém.

O que mais te tocou neste dia? O que Deus te falou?

## DIA 21
*"Tempo mais apropriado para crescer no amor de Deus."*
São João de Ávila

**Palavra de Deus: Jo 15, 12-17**
*"Este é o meu mandamento: amai-vos uns aos outros, como eu vos amo. Ninguém tem maior amor do que aquele que dá a sua vida por seus amigos. Vós sois meus amigos, se fazeis o que vos mando. Já não vos chamo servos, porque o servo não sabe o que faz seu senhor. Mas chamei-vos amigos, pois vos dei a conhecer tudo quanto ouvi de meu Pai. Não fostes vós que me escolhestes, mas eu vos escolhi e vos constituí para que vades e produzais fruto, e o vosso fruto permaneça. Eu assim vos constituí, a fim de que tudo quanto pedirdes ao Pai em meu nome, ele vos conceda. O que vos mando é que vos ameis uns aos outros."*

**Oração:** Senhor Jesus, amar aqueles que nos amam é fácil, é prazeroso. Amar os que nos feriram, machucaram, que foram causa de tristezas e mágoas na nossa história, é muito difícil, mas nós sabemos que o "perdão" é libertador. Nós sabemos que o "perdão" não depende do que sentimos, mas do que decidimos. Hoje Senhor, com o auxílio do Teu Espírito, eu Te peço, me ajude a perdoar e amar, todos aqueles que me feriram e que eu feri. Não quero e não posso alimentar ódio, raiva, vingança contra meu semelhante. Senhor me ajude, eu preciso de Ti. Eu renuncio hoje tudo que dentro de mim tem gerado maldição, tudo que tem me feito escravo de mim mesmo e do meu passado. Amém.

O que mais te tocou neste dia? O que Deus te falou?

## DIA 22

*"Jesus, que eu seja uma alma Eucarística, Eucarísticas sejam as almas, especialmente aquelas que me confiastes. Fazei, ó Jesus, que eu possa exalar em todos os lugares o Teu perfume, de modo especial na minha família."*
**Venerável Angelina Pirini**

### Palavra de Deus: 2Cor 2, 14-16

*"Mas graças sejam dadas a Deus, que nos concede sempre triunfar em Cristo, e que por nosso meio difunde o perfume do seu conhecimento em todo lugar. Somos para Deus o perfume de Cristo entre os que se salvam e entre os que se perdem. Para estes, na verdade, odor de morte e que dá a morte; para os primeiros, porém, odor de vida e que dá a vida. E qual o homem capaz de uma tal obra?"*

**Oração:** Uma alma eucarística, uma alma vítima de amor, por Ti e pelos pecadores, é o que desejamos ser. Que nossa adoração leve muitas almas para o Céu. Que elas sintam a força da Sua presença real, através de nossas humildes e constantes preces. Atraí aos sacrários de toda a terra almas vítimas, almas adoradoras, almas esponsais Senhor. Amém.

O que mais te tocou neste dia? O que Deus te falou?

_____
_____
_____

# DIA 23

*"O Santíssimo Sacramento é fogo que nos inflama de modo que, retirando-o do altar, espargimos tais chamas de amor que nos tornam terríveis ao inferno."*
**São Gregório Nazianzeno**

### Palavra de Deus: Mt 5, 1-16

*"Vendo aquelas multidões, Jesus subiu à montanha. Sentou-se e seus discípulos aproximaram-se dele. Então, abriu a boca e lhes ensinava, dizendo: "Bem-aventurados os que têm um coração de pobre, porque deles é o Reino dos Céus! Bem-aventurados os que choram, porque serão consolados! Bem-aventurados os mansos, porque possuirão a terra! Bem-aventurados os que têm fome e sede de justiça, porque serão saciados! Bem-aventurados os misericordiosos, porque alcançarão misericórdia! Bem-aventurados os puros de coração, porque verão Deus! Bem-aventurados os pacíficos, porque serão chamados filhos de Deus! Bem-aventurados os que são perseguidos por causa da justiça, porque deles é o Reino dos Céus! Bem-aventurados sereis quando vos caluniarem, quando vos perseguirem e disserem falsamente todo o mal contra vós por causa de mim. Alegrai-vos e exultai, porque será grande a vossa recompensa nos céus, pois assim perseguiram os profetas que vieram antes de vós. Vós sois o sal da terra. Se o sal perde o sabor, com que lhe será restituído o sabor? Para nada mais serve senão para ser lançado fora e calcado pelos homens. Vós sois a luz do mundo. Não se pode es-*

*conder uma cidade situada sobre uma montanha nem se acende uma luz para colocá-la debaixo do alqueire, mas sim para colocá-la sobre o candeeiro, a fim de que brilhe a todos os que estão em casa. Assim, brilhe vossa luz dian¬te dos homens, para que vejam as vossas boas obras e glorifiquem vosso Pai que está nos céus."*

**Oração: Senhor Jesus, que os raios de misericórdia, amor e poder que emanam do ostensório, em todos os sacrários, onde Sua presença real é guardada e protegida pelos santos anjos, anjos adoradores, nossos amigos do Céu, salvem neste momento todas as almas que não Te conhecem. Todas as famílias que precisam de Ti, todas as realidades humanas e espirituais que precisam de milagre nesta hora. Sejam conquistadas e resgatadas da tirania do pecado e de Satanás, autor e princípio de todo mal, amém.**

O que mais te tocou neste dia? O que Deus te falou?

_____
_____
_____
_____
_____
_____
_____

# DIA 24

*"Duas espécies de pessoas devem comungar com frequência: os perfeitos para se conservarem perfeitos, e os imperfeitos para chegarem à perfeição."*
São Francisco de Sales

### Palavra de Deus: Mc 2, 13-17

*"Jesus saiu de novo para perto do mar e toda a multidão foi ter com ele, e ele os ensinava.\* Quando ia passando, viu Levi, filho de Alfeu, sentado no posto da arrecadação e disse-lhe: 'Segue-me'. E Levi, levantando-se, seguiu-o.\* Em seguida, pôs-se à mesa na sua casa e muitos cobradores de impostos e pecadores tomaram lugar com ele e seus discípulos; com efeito, eram numerosos os que o seguiam. Os escribas, do partido dos fariseus, vendo-o comer com as pessoas de má vida e publicanos, diziam aos seus discípulos: 'Ele come com os publicanos e com gente de má vida?'. Ouvindo-os, Jesus replicou: 'Os sãos não precisam de médico, mas os enfermos; não vim chamar os justos, mas os pecadores."*

**Oração: Senhor Jesus, nossa alma está ferida, doente, por causa do pecado. Não nos deixe desistir de sempre vir aqui, ao Trono da Graça de Deus, de onde emanam os rios de misericórdia, que são capazes de purificar toda mancha, vencer toda tentação e curar toda machucadura deixada pelo pecado. Que o meu coração seja um Oásis da Tua doce e infinita presença e misericórdia. Amém.**

O que mais te tocou neste dia? O que Deus te falou?

# DIA 25

*"A devoção à eucaristia é a mais nobre de todas as devoções, porque tem o próprio Deus por objeto; é a mais salutar porque nos dá o próprio autor da graça; é a mais suave, pois suave é o Senhor."*
São Pio X

## Palavra de Deus: Sl 132, 1-3

*"Cântico das peregrinações. Oh, como é bom, como é agradável para irmãos unidos viverem juntos.\* É como um óleo suave derramado sobre a fronte, e que desce para a barba, a barba de Aarão, para correr em seguida até a orla de seu manto.\* É como o orvalho do Hermon, que desce pela colina de Sião; pois ali derrama o Senhor a vida e uma bênção eterna."*

**Oração:** Senhor Jesus, como é bom pertencermos a um Deus tão maravilhoso como o Senhor. Não merecemos tamanha graça, não merecemos tanto amor. Estamos aqui porque queremos aprender a sermos aquilo que o Senhor quer de nós. Abrimos mão Senhor, de tudo que corresponda a nossa vontade, queremos aprender a depender somente de Ti, e de ninguém mais. Derrama sobre minha casa as suas bênçãos e faz-me fiel até o fim. Fortalece nossos joelhos, devolve-nos a esperança perdida Senhor, amém.

O que mais te tocou neste dia? O que Deus te falou?

_____
_____
_____

# DIA 26

*"Não abandones a visita ao Santíssimo. Depois da oração vocal que tenhas por costume, conta a Jesus, realmente presente no Sacrário, as preocupações do dia. E terás luzes e ânimo para a tua vida de cristão."*
**Caminho 544 - São Josemaria Escrivá**

**Palavra de Deus: Mt 11, 28-30**
*"Vinde a mim, vós todos que estais aflitos sob o fardo, e eu vos aliviarei. Tomai meu jugo sobre vós e recebei minha doutrina, porque eu sou manso e humilde de coração e achareis o repouso para as vossas almas. Porque meu jugo é suave e meu peso é leve."*

**Oração:** Senhor Jesus, quantas vezes nos sentimos cansados. As batalhas diárias nos cansam, nos sentimos vazios, tristes e em alguns casos, até depressivos. Muitas vezes perdemos o rumo, perdemos a direção, no entanto, sua Palavra nos garante, que Seu jugo é suave, que Seu peso é leve. Ajuda-nos Senhor a entender isso, e a nos lançar com confiança, em Seus braços. Cuida de nós Senhor, já chegamos ao nosso limite, já fomos longe demais com as nossas próprias forças, queremos agora avançar com as Suas, lutar com as Suas armas e alcançar a vitória que, nos prometeu, amém.

O que mais te tocou neste dia? O que Deus te falou?

---

---

---

**DIA 27** *"Vai perseverantemente ao Sacrário, fisicamente ou com o coração, para te sentires seguro, para te sentires sereno: mas também para te sentires amado... e para amar!"*
São Josemaria Escrivá (Forja 837)

### Palavra de Deus: Sl 58, 1-18

*"Para o mestre de canto. 'Não destruas'. Cântico de Davi, quando Saul mandou cercar-lhe a casa para matá-lo. Livrai-me, ó meu Deus, dos meus inimigos, defendei-me dos meus adversários. Livrai-me dos que praticam o mal, salvai-me dos homens sanguinários. Vede: armam ciladas para me tirar a vida, homens poderosos conspiram contra mim. Senhor, não há em mim crime nem pecado. Sem que eu tenha culpa, eles acorrem e atacam. Despertai-vos, vinde para mim e vede, porque vós, Senhor dos exércitos, sois o Deus de Israel. Erguei-vos para castigar esses pagãos, não tenhais misericórdia desses pérfidos. Eles voltam todas as noites, latindo como cães, e percorrem a cidade toda. Eis que se jactam à boca cheia, tendo nos lábios só injúrias, e dizem: 'Pois quem é que nos ouve?'. Mas vós, Senhor, vós rides deles, zombais de todos os pagãos. Ó vós que sois a minha força, é para vós que eu me volto. Porque vós, ó Deus, sois a minha defesa. Ó meu Deus, vós sois todo bondade para mim. Venha Deus em meu auxílio, faça-me deleitar pela perda de meus inimigos. Destruí-os, ó meu Deus, para que não percam o meu povo; conturbai-os, abatei-os com vosso poder, ó Deus, nosso escudo. Cada palavra de seus lábios é um pecado.*

*Que eles, surpreendidos em sua arrogância, sejam as vítimas de suas próprias calúnias e maldições. Destruí-os em vossa cólera, destruí-os para que não subsistam, para que se saiba que Deus reina em Jacó e até os confins da terra. Todas as noites eles voltam, latindo como cães, rondando pela cidade toda. Vagueiam em busca de alimento; não se fartando, eles se põem a uivar. Eu, porém, cantarei vosso poder, e desde o amanhecer celebrarei vossa bondade, porque vós sois o meu amparo, um refúgio no dia da tribulação. Ó vós, que sois a minha força, a vós, meu Deus, cantarei salmos porque sois minha defesa. Ó meu Deus, vós sois todo bondade para mim.'*

**Oração: Senhor, vós sois meu amparo e meu refúgio. Ensina-me o caminho que devo seguir para chegar as moradas eternas. Não existe para mim, melhor lugar, não existe para minha família melhor destino que o Céu. Ajuda-me Senhor, fortalece-me, afim de que eu não desista, mas insista pela salvação dos meus. Eu creio que verei os Teus benefícios e as Tuas promessas serem cumpridas em minha vida. Amém.**

O que mais te tocou neste dia? O que Deus te falou?

# DIA 28

*"Jesus ficou na Eucaristia por amor..., por ti. Ficou, sabendo como o receberiam os homens... e como o recebes tu. Ficou para que o comas, para que o visites e lhe contes as tuas coisas e, ganhando intimidade com Ele na oração junto ao Sacrário e na recepção do Sacramento, te enamores cada dia mais e faças com que outras almas – muitas! – sigam o mesmo caminho."*
**São José Maria Escrivá (Forja 887)**

**Palavra de Deus: Lc 22, 7-20**
*"Raiou o dia dos pães sem fermento, em que se devia imolar a Páscoa.\* Jesus enviou Pedro e João, dizendo: 'Ide e preparai-nos a ceia da Páscoa'. Perguntaram-lhe eles: 'Onde queres que a preparemos?'. Ele respondeu: 'Ao entrardes na cidade, encontrareis um homem carregando uma bilha de água; segui-o até a casa em que ele entrar, e direis ao dono da casa: O Mestre pergunta-te: Onde está a sala em que comerei a Páscoa com os meus discípulos? Ele vos mostrará no andar superior uma grande sala mobiliada, e ali fazei os preparativos'. Foram, pois, e acharam tudo como Jesus lhes dissera; e prepararam a Páscoa. Chegada que foi a hora, Jesus pôs-se à mesa, e com ele os apóstolos. Disse-lhes: 'Tenho desejado ardentemente comer convosco esta Páscoa, antes de sofrer. Pois vos digo: não tornarei a comê-la, até que ela se cumpra no Reino de Deus'. Pegando o cálice, deu graças e disse: 'Tomai este cálice e distribuí-o entre vós. Pois vos digo: já não tornarei a beber do fruto da videira, até que venha o Reino de Deus'. Tomou em seguida o pão*

*e depois de ter dado graças, partiu-o e deu-lho, dizendo: 'Isto é o meu corpo, que é dado por vós; fazei isto em memória de mim'. Do mesmo modo tomou também o cálice, depois de cear, dizendo: 'Este cálice é a Nova Aliança em meu sangue, que é derramado por vós..."*

**Oração: Senhor Jesus, que eu creia, ame, adore e espere, por todos aqueles que ainda não Te conhecem. Os dias são maus e cada vez mais, os seus filhos Te abandonam, Te esquecem, eles só lembram de Ti, quando algo em suas vidas não vai bem. Quanta ingratidão, quanta frieza, quanto desprezo pela Sua santa e Adorável presença. Dos ultrajes deste mundo, nós Vos consolaremos Senhor. Da impiedade e sacrilégios dos homens, nós Vos consolaremos Senhor. De toda blasfêmia e falta de fé, nós Vos consolaremos Senhor, amém.**

O que mais te tocou neste dia? O que Deus te falou?

**DIA 29** *"Jesus ficou na Hóstia Santa por nós! Para permanecer ao nosso lado, para nos sustentar, para nos guiar. – E amor apenas se paga com amor. – Como não havemos de correr para o Sacrário, todos os dias, ainda que seja apenas por uns minutos, para Lhe levar a nossa saudação e o nosso amor de filhos e de irmãos?"*
São José Maria Escrivá (Sulco 686)

**Palavra de Deus: Jo 15, 1-12**
*"Eu sou a videira verdadeira, e meu Pai é o agricultor. Todo ramo que não der fruto em mim, ele o cortará; e podará todo o que der fruto, para que produza mais fruto. Vós já estais puros pela palavra que vos tenho anunciado. Permanecei em mim e eu permanecerei em vós. O ramo não pode dar fruto por si mesmo, se não permanecer na videira. Assim também vós: não podeis tampouco dar fruto, se não permanecerdes em mim. Eu sou a videira; vós, os ramos. Quem permanecer em mim e eu nele, esse dá muito fruto; porque sem mim nada podeis fazer. Se alguém não permanecer em mim será lançado fora, como o ramo. Ele secará e hão de ajuntá-lo e lançá-lo ao fogo, e será queimado. Se permanecerdes em mim, e as minhas palavras permanecerem em vós, pedireis tudo o que quiserdes e vos será feito. Nisso é glorificado meu Pai, para que deis muito fruto e vos torneis meus discípulos. Como o Pai me ama, assim também eu vos amo. Perseverai no meu amor. Se guardardes os meus mandamentos, sereis constantes no meu amor,*

*como também eu guardei os mandamentos de meu Pai e persisto no seu amor. Disse-vos essas coisas para que a minha alegria esteja em vós, e a vossa alegria seja completa. Este é o meu mandamento: amai-vos uns aos outros, como eu vos amo."*

**Oração: Senhor Jesus, meu amado Jesus, que por mim morrestes na Santa Cruz. Eis-me aqui. Quero Te fazer companhia, quero ficar aqui contigo, amar o Amor que não é amado. Não desejo pedir nada, apenas Te amar, apenas ficar contigo. Te olhar, Te sentir, Te amar e adorar sem pressa, sem interesses, sem pretensão alguma. Só Te amar, amar e amar...**

O que mais te tocou neste dia? O que Deus te falou?

# DIA 30

*"Eucaristia, sacramento de amor, prova de amor."*
Santo Tomás de Aquino

**Palavra de Deus: Is 43, 1-5**
*"E agora, eis o que diz o Senhor, aquele que te criou, Jacó, e te formou, Israel: 'Nada temas, pois eu te resgato, eu te chamo pelo nome, és meu. Se tiveres de atravessar a água, estarei contigo. E os rios não te submergirão; se caminhares pelo fogo, não te queimarás, e a chama não te consumirá. Pois eu sou o Senhor, teu Deus, o Santo de Israel, teu salvador. Dou o Egito por teu resgate, a Etiópia e Sabá em compensação.\* Porque és precioso a meus olhos, porque eu te aprecio e te amo, permuto reinos por ti, entrego nações em troca de ti. Fica tranquilo, pois estou contigo, do oriente trarei tua raça, e do ocidente eu te reunirei'."*

**Oração: Senhor Jesus, meu nome e o de minha família está escrito em Tuas mãos. Somos Teus, e de ninguém mais. Eu assumo e proclamo esta santa verdade, Deus os meus são Teus. Senhor não permita que nos separemos de vós, não permita que nos percamos de tua visão. Guarda-nos, afim de que, não sejamos vencidos pelo mal, mas em Ti, conservemos nossa alma de toda manja e escravidão do pecado. Que o Seu preciosíssimo sangue seja aspergido sobre a minha família e nos faça santos. Amém.**

O que mais te tocou neste dia? O que Deus te falou?

_____

_____

_____

**DIA 31** *"A mesma carne, com que andou (o Senhor) na terra, essa mesma nos deu a comer para nossa salvação; ninguém come aquela Carne sem primeiro a adorar...; não só não pecamos adorando-a, mas pecaríamos se a não adorássemos."*
Santo Agostinho

**Palavra de Deus: Jo 4, 19-26**
*"Senhor" – disse-lhe a mulher –, "vejo que és profeta!...\* Nossos pais adoraram neste monte, mas vós dizeis que é em Jerusalém que se deve adorar."\* Jesus respondeu: "Mulher, acredita-me, vem a hora em que não adorareis o Pai, nem neste monte nem em Jerusalém. Vós adorais o que não conheceis, nós adoramos o que conhecemos, porque a salvação vem dos judeus. Mas vem a hora, e já chegou, em que os verdadeiros adoradores hão de adorar o Pai em espírito e verdade, e são esses adoradores que o Pai deseja.\* Deus é espírito, e os seus adoradores devem adorá-lo em espírito e verdade". Respondeu a mulher: "Sei que deve vir o Messias (que se chama Cristo); quando, pois, vier, ele nos fará conhecer todas as coisas". Disse-lhe Jesus: "Sou eu, quem fala contigo.*

**Oração:** Senhor, ensina-nos a te adorar. Não sabemos prestar a Ti, o culto que mereces. Te pedimos neste momento, que nos envie os nove coros angélicos, para que unam as nossas preces as suas, que são perfeitíssimas e te agradam, do modo como mereces. Eu quero te adorar em espírito e verdade, não mais com as minhas mentiras, com as minhas fantasias e desculpas, mas com a minha vida, com a minha verdade e o meu coração. Santos Anjos de Deus, rogai por nós, ensina-nos a como devemos dar "Glória a Deus", a como devemos amá-lo e servi-lo. Amém.

O que mais te tocou neste dia? O que Deus te falou?

# DIA 32

*"Os fiéis bebem diariamente do cálice do Senhor, para que possam também eles derramar o seu sangue por Cristo."*
São Cipriano de Cartago

**Palavra de Deus: At 2, 41-47**
*"Os que receberam a sua palavra foram batizados. E naquele dia elevou-se a mais ou menos três mil o número de adeptos. Perseveravam eles na doutrina dos apóstolos, nas reuniões em comum, na fração do pão e nas orações.\* De todos eles se apoderou o temor, pois pelos apóstolos foram feitos também muitos prodígios e milagres em Jerusalém, e o temor estava em todos os corações. Todos os fiéis viviam unidos e tinham tudo em comum. Vendiam as suas propriedades e os seus bens, e dividiam-nos por todos, segundo a necessidade de cada um. Unidos de coração, frequentavam todos os dias o templo. Partiam o pão nas casas e tomavam a comida com alegria e singeleza de coração, louvando a Deus e cativando a simpatia de todo o povo. E o Senhor cada dia lhes ajuntava outros, que estavam a caminho da salvação."*

**Oração: Senhor Jesus, Te amar quando tudo vai bem é fácil, é confortável, é bonito de se ver. Quantas vezes nos sentimos orgulhosos, pelo simples fato, de sermos membros de uma comunidade, pastoral, movimento, serviço na sua Igreja. Não nos damos conta, que muitas**

das vezes, tudo que fazemos tem como finalidade nossa autopromoção e não a Sua Glória, meu Senhor e Salvador. Coloca-nos no nosso lugar Deus, ensina-nos a sermos simples e profundos como eram os Apóstolos, como eram os primeiros discípulos, homens que não titubeavam diante da cruz e do sofrimento, mas antes, os entendiam como sinal de autentica escolha e predileção. Que eu Te ame Oh! bendita árvore da cruz, que tenha a coragem de entregar tudo, para que Sejas, conhecido e amado. Amém.

O que mais te tocou neste dia? O que Deus te falou?

# DIA 33

*"Toda a minha força está em Vós, Pão vivo. Seria difícil para mim viver um dia sem comungar. Vós sois o meu escudo; sem Vós, Jesus, não sei viver."*
**Santa Faustina Kowalska - Diário 814**

## Palavra de Deus: Sl 17, 1-16

*"Ao mestre de canto. De Davi, servo do Senhor, que dirigiu as palavras deste cântico ao Senhor, no dia em que ficou livre de todos os seus inimigos e das mãos de Saul.\* Disse: Eu vos amo, Senhor, minha força! O Senhor é o meu rochedo, minha fortaleza e meu libertador. Meu Deus é a minha rocha, onde encontro o meu refúgio, meu escudo, força de minha salvação e minha cidadela. Invoco o Senhor, digno de todo louvor, e fico livre dos meus inimigos. Circundavam-me os vagalhões da morte, torrentes devastadoras me atemorizavam, enlaçavam-se as cadeias da habitação dos mortos, a própria morte me prendia em suas redes. Na minha angústia, invoquei o Senhor, gritei para meu Deus: do seu templo ele ouviu a minha voz, e o meu clamor em sua presença chegou aos seus ouvidos. A terra vacilou e tremeu, os fundamentos das montanhas fremiram, abalaram-se, porque Deus se abrasou em cólera: suas narinas exalavam fumaça; sua boca, fogo devorador, brasas incandescentes. Ele inclinou os céus e desceu, calcando aos pés escuras nuvens. Cavalgou sobre um querubim e voou, planando nas asas do vento. Envolveu-se nas trevas como se fossem véu, fez para si uma tenda das águas tenebrosas, densas nuvens.*

*Do esplendor de sua presença suas nuvens avançaram: saraiva e centelhas de fogo. Do céu trovejou o Senhor, o Altíssimo fez ressoar sua voz. Lançou setas e dispersou os inimigos, fulminou relâmpagos e os desbaratou.\* E apareceu descoberto o leito do mar, ficaram à vista os fundamentos da terra, ante a vossa ameaçadora voz, ó Senhor, ante o furacão de vossa cólera."*

**Oração: Sem vós Senhor, não sei viver. És o alimento que me sustenta, és a força que me levanta, és o sol que me aquece. Senhor Jesus, poderia ficar aqui aos teus pés a vida inteira, e ainda assim, não conseguiria adorar-Te como o Senhor merece, dizer tudo aquilo que Tu és. Uma vez que, não posso fazê-lo, Te dou o que tenho e possuo, minha vida e meu coração. Eu Te amo Senhor Jesus e desejo permanecer contigo até o fim. Quero que essa chama de amor não se apague, mas cresça, cada dia mais dentro de mim, e de todos aqueles, por quem eu rezo nesta hora.**

O que mais te tocou neste dia? O que Deus te falou?

# DIA 34

*"Quando voltei para casa, entrei 'no pequeno Jesus', prostrei-me no solo diante do Santíssimo Sacramento e disse ao Senhor: 'Farei tudo o que estiver ao meu alcance, mas peço-Vos: ficai sempre comigo e dai-me forças para cumprir a Vossa santa vontade, porque Vós podeis tudo, e eu, por mim mesma, nada posso'."*
**Santa Faustina Kowalska - Diário 154**

**Palavra de Deus: Fl 4, 10-13**
*"Fiquei imensamente contente, no Senhor, porque, finalmente, vi reflorescer o vosso interesse por mim. É verdade que sempre pensáveis nisso, mas vos faltava oportunidade de mostrá-lo. Não é minha penúria que me faz falar. Aprendi a contentar-me com o que tenho. Sei viver na penúria, e sei também viver na abundância. Estou acostumado a todas as vicissitudes: a ter fartura e a passar fome, a ter abundância e a padecer necessidade. Tudo posso naquele que me conforta."*

**Oração:** Senhor Vós podeis tudo e eu nada. Por isso, ouso pedir, faz-me fiel, ajuda-me a ser Santo e a levar a minha família pro Céu. Eu não posso, eu não quero me salvar sozinho. Ainda que a nossa salvação, seja individual, desejo ver todos que amo junto de vós. Por isso, me disponho a estar, diante de Tua doce e adorável presença, por eles, que meu sacrifício seja levado em conta Senhor, e como uma perfeita oferenda chegue até o Trono da Sua Glória, amém.

O que mais te tocou neste dia? O que Deus te falou?

# DIA 35

*"Tens problemas? Vai ao Santíssimo. Está triste? Vai ao Santíssimo. Precisa de paz? Vai ao Santíssimo. Estás enfermo? Vai ao Santíssimo. O lugar mais poderoso desta terra é diante de Jesus Cristo na Eucaristia."*
**Santa Teresa de Calcutá**

## Palavra de Deus: Mt 20, 29-34

*"Ao sair de Jericó, uma grande multidão o seguiu. Dois cegos, sentados à beira do caminho, ouvindo dizer que Jesus passava, começaram a gritar: 'Senhor, filho de Davi, tem piedade de nós!'. A multidão, porém, os repreendia para que se calassem. Mas eles gritavam ainda mais forte: 'Senhor, filho de Davi, tem piedade de nós!'. Jesus parou, chamou-os e perguntou-lhes: 'Que quereis que eu vos faça?'. 'Senhor, que nossos olhos se abram!'. Jesus, cheio de compaixão, tocou-lhes os olhos. Instantaneamente recobraram a vista e puseram-se a segui-lo.\*"*

**Oração: Senhor Jesus, como é consolador saber que o Senhor está sempre conosco. Ainda que não estejamos atentos, as manifestações e provas de amor e carinho, que o Senhor constantemente nos oferece, queremos depositar aos Teus pés, todas as nossas angústias e problemas, principalmente a falta de fé, dos nossos amigos e familiares, que não são tementes a Ti. Pois, sabemos que tudo pode ser mudado pela força da oração. Amém.**

O que mais te tocou neste dia? O que Deus te falou?

_____

_____

# DIA 36

*"Jesus quer que eu diga de novo a vocês qual é o tamanho do amor dele por cada um de vocês – um amor que vai além de tudo o que vocês puderem imaginar. Ele não só ama você; é mais ainda: Ele anseia por você. Ele sente falta de você quando você não chega perto. Ele tem sede de você. Ele ama você sempre, mesmo quando você não se sente digno."*
**Santa Teresa de Calcutá**

**Palavra de Deus: Jo 19, 28-30**
*"Em seguida, sabendo Jesus que tudo estava consumado, para se cumprir plenamente a Escritura, disse: 'Tenho sede'. Havia ali um vaso cheio de vinagre. Os soldados encheram de vinagre uma esponja e, fixando-a numa vara de hissopo, chegaram-lhe à boca.\* Havendo Jesus tomado do vinagre, disse: 'Tudo está consumado'. Inclinou a cabeça e entregou o espírito."*

**Oração: Deus tem sede de mim. Deus tem sede que tenhamos sede Dele. Ele é um manancial de amor e misericórdia. Quantas vezes, Senhor, eu não fui agradecido pela grande graça, que é poder ser Teu filho. Quantas vezes não agradeci a família que me destes, ainda que com suas limitações e imperfeições. Como fui ingrato, egoísta e até indiferente, as tantas maravilhas que fizestes em mim e nos meus. Mas, ainda que tudo isso seja verdade, a maior de todas as certezas, é que não consigo te deixar, não encontro sentido**

em nada, que não seja sua Santa e Adorável presença. Senhor Jesus, estamos sedentos. Encha-nos com teu Espírito, encha-nos com teu amor, faz-nos fonte de bênçãos, na vida dos nossos irmãos, e em especial, na vida de todos aqueles que estão em casa.

O que mais te tocou neste dia? O que Deus te falou?

# DIA 37

*"Não existe riqueza maior nem melhor que a Eucaristia encerra, se quero ganhar minha vida no céu é preciso comungar-te na terra."*
**Santa Gemma Galgani**

## Palavra de Deus: Mt 8, 5-17

*"Entrou Jesus em Cafarnaum. Um centurião veio a ele e lhe fez esta súplica: 'Senhor, meu servo está em casa, de cama, paralítico, e sofre muito'. Disse-lhe Jesus: 'Eu irei e o curarei'. Respondeu o centurião: 'Senhor, eu não sou digno de que entreis em minha casa. Dizei uma só palavra e meu servo será curado. Pois eu também sou um subordinado e tenho soldados às minhas ordens. Eu digo a um: Vai, e ele vai; a outro: Vem, e ele vem; e a meu servo: Faze isto, e ele o faz....\* Ouvindo isto, cheio de admiração, disse Jesus aos presentes: 'Em verdade vos digo: não encontrei semelhante fé em ninguém de Israel. Por isso, eu vos declaro que multidões virão do Oriente e do Ocidente e se assentarão no Reino dos Céus com Abraão, Isaac e Jacó, enquanto os filhos do Reino serão lançados nas trevas exteriores, onde haverá choro e ranger de dentes'.\* Depois, dirigindo-se ao centurião, disse: 'Vai, seja-te feito conforme a tua fé'. Na mesma hora o servo ficou curado. Foi então Jesus à casa de Pedro, cuja sogra estava de cama, com febre. Tomou-lhe a mão, e a febre a deixou. Ela levantou-se e pôs-se a servi-los. Pela tarde, apresentaram-lhe muitos possessos de demônios. Com uma palavra expulsou ele os espíritos*

*e curou todos os enfermos. Assim se cumpriu a predição do profeta Isaías: Tomou as nossas enfermidades e sobrecarregou-se dos nossos males (Is 53,4).*

**Oração: Meu Senhor e meu Deus, não quero outro bem além de Ti. Tu és, a minha maior alegria e riqueza. O meu mais precioso tesouro és Tu. Tu me conheces, Tu sabes tudo a meu respeito. Eu nunca serei merecedor, digno que estejas dentro de mim, mas estou aqui e Te peço, faça morada em mim. Que o meu coração, seja um lugar de descanso para vós. Faz de mim a Sua Betânia, permanece junto de mim, fica comigo Senhor, eu preciso de Ti. Minha casa necessita da Sua intervenção, de Seu toque, do Seu poder. Podes reinar, podes fazer o que for preciso, para que ninguém se perca. Amém."**

O que mais te tocou neste dia? O que Deus te falou?

_____
_____
_____
_____
_____
_____

**DIA 38** *"Jesus calado no Sacrário, sendo como é a Sabedoria de Deus, nos ensina com seu silêncio, jamais interrompido, que se queremos ouvir sua palavra divina e receber com ela a paz, a luz, o consolo, a fortaleza e a graça que nossa alma necessita, calemos, não somente calando os ruído exteriores, mas fazendo calar também as loucuras da imaginação, as rebeldias do amor próprio e o alvoroço da paixões, e, ouvindo sua Palavra e crendo n´Aquele que o enviou, teremos a vida eterna: 'Qui audit verbum meum, et credit ei qui misit Me, habet vitam aeternam' (Jo 5, 24)."*
São Manuel González - Bispo do Sacrário abandonado

### Palavra de Deus: Jo 5, 16-24
*"Por esse motivo, os judeus perseguiam Jesus, porque fazia esses milagres no dia de sábado. Mas ele lhes disse: 'Meu Pai continua agindo até agora, e eu ajo também'. Por essa razão os judeus, com maior ardor, procuravam tirar-lhe a vida, porque não somente violava o repouso do sábado, mas afirmava ainda que Deus era seu Pai e se fazia igual a Deus. Jesus tomou a palavra e disse-lhes: 'Em verdade, em verdade vos digo: o Filho de si mesmo não pode fazer coisa alguma; ele só faz o que vê fazer o Pai; e tudo o que o Pai faz, o faz também semelhantemente o Filho. Pois o Pai ama o Filho e mostra-lhe tudo o que faz; e maiores obras do que esta lhe mostrará, para que fiqueis admirados. Com efeito, como o Pai ressuscita os mortos e lhes dá vida, assim também o Filho dá vida a quem ele quer. Assim também o Pai não julga ninguém, mas entregou todo o julgamento ao Filho. Desse modo,*

*todos honrarão o Filho, bem como honram o Pai. Aquele que não honra o Filho não honra o Pai, que o enviou. Em verdade, em verdade vos digo: quem ouve a minha palavra e crê naquele que me enviou tem a vida eterna e não incorre na condenação, mas passou da morte para a vida'."*

**Oração:** Senhor Jesus, ensina-me a calar. Ensina-me a dizer somente o que edifica, o que cura, o que faz crescer, o que ajuda meu irmão a chegar no Céu. Que eu aprenda com minha querida Mãezinha, a como guardar as coisas em meu coração, quando eu não as compreender. Eu renuncio a toda prática de fofocas e julgamentos, aos palavrões e as más conversações, que em nada nos edificam, pelo contrário, que tanto mal geram a nossa vida interior. Afasta de nós todo espírito de maldições oriundas de votos íntimos, e palavras malditas, que foram dirigidas a mim e aos meus antepassados. Que foram proferidas por mim, ou por meus antepassados. Que sejamos livres e libertos pelo seu poderoso nome, pelo seu Preciosíssimo Sangue, e pela força invencível de sua Santa Palavra. Amém.

O que mais te tocou neste dia? O que Deus te falou?

_____
_____
_____

# DIA 39

*"Todos os dias vivo a Eucaristia como um diálogo constante com Jesus, como uma autêntica esperança. A Eucaristia é a minha autoestrada para o céu."*
**Beato Carlo Acutis**

**Palavra de Deus: Jo 14, 1-6**
*"'Não se perturbe o vosso coração. Credes em Deus, crede também em mim.\* Na casa de meu Pai há muitas moradas. Não fora assim, e eu vos teria dito; pois vou preparar-vos um lugar.\* Depois de ir e vos preparar um lugar, voltarei e vos tomarei comigo, para que, onde eu estou, também vós estejais. E vós conheceis o caminho para ir aonde vou'. Disse-lhe Tomé: 'Senhor, não sabemos para onde vais. Como podemos conhecer o caminho?' Jesus lhe respondeu: 'Eu sou o caminho, a verdade e a vida; ninguém vem ao Pai senão por mim'."*

**Oração: Senhor Jesus, Tu és o meu caminho, a minha verdade e a minha vida.** Quantas não são às vezes, que por orgulho, vaidade e ignorância, trocamos nosso maior bem, pelas mentiras da serpente, nosso astuto inimigo, que não nos quer ver no Céu. Hoje te peço, que toda perturbação espiritual, interior, humana e material sejam vencidas aqui, diante da sua doce presença. Eu declaro a Tua vitória em minha vida, eu declaro que não haverá condenação para os meus.

Eu vejo Senhor Jesus, minha casa junto de Vós, eu vejo minha família no Céu. Eu Te amo Senhor Jesus. Muito obrigado por me sustentar até aqui. Amém."

O que mais te tocou neste dia? O que Deus te falou?

**DIA 40** *"Não acreditam na Minha Existência! Não acreditam, que Eu ali habito! Blasfemam contra Mim! Outros creem, mas não Me amam e não Me visitam, vivendo como se Eu não estivesse presente! Faz tuas as Minhas Prisões! Escolhi-te para Me fazeres companhia nesses pequenos Refúgios. Muitos são tão pobrezinhos! Mas, dentro deles, que riqueza! Aí está a Riqueza do Céu e da Terra! Ouve, minha filha, e atende ao pedido do teu Jesus: anda fazer-me companhia nos meus Sacrários, nesta noite, nestas horas em que Eu sou mais ofendido."*
**Nosso Senhor Jesus Cristo à Beata Alexandrina de Balasar**


### Palavra de Deus: Jo 6, 32-40
*"Jesus respondeu-lhes: 'Em verdade, em verdade vos digo: Moisés não vos deu o pão do céu, mas o meu Pai é quem vos dá o verdadeiro pão do céu; porque o pão de Deus é o pão que desce do céu e dá vida ao mundo'. Disseram-lhe: 'Senhor, dá-nos sempre deste pão!'. Jesus replicou: 'Eu sou o pão da vida: aquele que vem a mim não terá fome, e aquele que crê em mim jamais terá sede. Mas já vos disse: Vós me vedes e não credes... Todo aquele que o Pai me dá virá a mim, e o que vem a mim não o lançarei fora. Pois desci do céu não para fazer a minha vontade, mas a vontade daquele que me enviou. Ora, esta é a vontade daquele que me enviou: que eu não deixe perecer nenhum daqueles que me deu,*

*mas que os ressuscite no último dia. Esta é a vontade de meu Pai: que todo aquele que vê o Filho e nele crê tenha a vida eterna; e eu o ressuscitarei no último dia'.*"

**Oração: Senhor Jesus, eu quero Te agradecer, Te bendizer, Te louvar, pois chegamos até aqui. Depois desta caminhada quaresmal, pela restauração das nossas famílias, da salvação da nossa casa, da santificação dos filhos e matrimônios, só nos resta uma possibilidade: tomar posse de tudo que vivemos e experimentamos nestes 40 dias e começarmos, hoje mesmo uma vida nova, em nome de Jesus. Fomos banhados no Teu Sangue, o Sangue do Cordeiro imolado, que venceu e vencerá sempre em nossas vidas, em cada Santa Missa, em cada adoração, até que cheguemos a nossa meta, o Céu.**
**Obrigado Senhor Jesus, Obrigado Nossa Senhora, Obrigado São José, Obrigados Santos Anjos e Santos do Céu. Amém.**

O que mais te tocou neste dia? O que Deus te falou?

_____
_____
_____
_____
_____

**PARTE 4**

# A SANTA MISSA

## O TESTEMUNHO DE CATALINA RIVAS

O CONHECIMENTO DO QUE ACONTECE NA SANTA MISSA E COMO VIVÊ-LA COM O CORAÇÃO.

# DEDICATÓRIA

*A Sua Santidade, João Paulo II,*
Primeiro apóstolo da Nova Evangelização, de cujo exemplo os leigos recebemos fé, coragem e piedade.
Com imensa gratidão e amor,
A todos os sacerdotes:
cordão umbilical de Deus com os homens, que transmitem a graça divina através do perdão e da Consagração Eucarística.

*Catalina*
"Li atentamente o impresso A *Santa Missa, Testemunho de Catalina, Missionária leiga do Coração Misericordioso de Jesus*, e não encontro nele nada contrário à Sagrada Escritura nem à doutrina da Igreja; pelo contrário, creio sinceramente que é um testemunho de sublime ensinamento sobre o mistério da Santa Missa. Recomendo vivamente sua leitura e meditação a sacerdotes e leigos para uma melhor compreensão e vivência do Santo Sacrifício do Altar".

San Vicente, 2 de março de 2004
Mons. José Oscar Barahona C.,
Bispo de San Vicente (El Salvador, CA)

Disseram-lhe: Senhor, dá-nos sempre deste pão! Jesus replicou: "Eu sou o pão da vida: aquele que

vem a mim não terá fome, e aquele que crê em mim jamais terá sede".
(Jo 6, 34-35)

Então Jesus lhes disse: "Em verdade, em verdade vos digo: se não comerdes a carne do Filho do Homem, e não beberdes o seu sangue, não tereis a vida em vós mesmos. Quem come a minha carne e bebe o meu sangue tem a vida eterna; e eu o ressuscitarei no último dia".
(Jo 6, 53-54)

"Pois a minha carne é verdadeiramente uma comida e o meu sangue, verdadeiramente uma bebida. Quem come a minha carne e bebe o meu sangue permanece em mim e eu nele. Assim como o Pai que me enviou vive, e eu vivo pelo Pai, assim também aquele que comer a minha carne viverá por mim".
(Jo 6, 55-57)

"Quem come deste pão viverá eternamente".
(Jo 6, 58)

# TESTEMUNHO DE CATALINA SOBRE A SANTA MISSA

Na maravilhosa catequese com a qual o Senhor e a Virgem Maria nos têm instruído - em primeiro lugar mostrando-nos o modo de rezar o Santo Rosário, de rezar com o coração, de meditar e desfrutar os momentos de encontro com Deus e com nossa Mãe bendita; a maneira de se confessar bem - está a do conhecimento do que acontece na Santa Missa e o modo de vivê-la com o coração.

Este é o testemunho que devo e quero dar ao mundo inteiro, para maior Glória de Deus e para a salvação de todo aquele que queira abrir seu coração ao Senhor. Para que muitas almas consagradas a Deus reavivem o fogo do amor a Cristo - as que são donas das mãos que têm o poder de trazê-Lo à terra para que seja nosso alimento, e as outras, para que percam o "costume rotineiro" de recebê-Lo e revivam o assombro do encontro cotidiano com o amor. Para que meus irmãos e irmãs leigos do mundo inteiro vivam o maior dos Milagres com o coração: a celebração da Santa Eucaristia.

Era a vigília do dia da Anunciação e os componentes do nosso grupo tínhamos ido confessar. Algumas das senhoras do grupo de oração não conseguiram fazê-lo e deixaram sua confissão para o dia seguinte, antes da Santa Missa. Quando cheguei no dia seguinte à igreja um pouco atrasada, o senhor Arcebispo e os sacerdotes já estavam saindo do presbitério: Disse a Virgem com aquela voz tão suave e feminina que imediatamente enche a alma de doçura:

*"Hoje é um dia de aprendizagem para ti e quero que prestes muita atenção, porque do que fores testemunho hoje, tudo o que viveres neste dia, terás que dar a conhecer à humanidade".* Fiquei surpresa e sem compreender, mas procurando estar bem atenta. A primeira coisa que percebi é que havia um coro de vozes muito belas que cantavam como se estivessem longe, aproximando-se às vezes e logo se afastava a música como se fosse com o barulho do vento. O senhor Arcebispo começou a Santa Missa e, ao chegar a Oração Penitencial, disse a Santíssima.

Virgem:

*"Do fundo de teu coração, pede perdão ao Senhor por todas as tuas culpas, por tê-Lo ofendido, assim poderás participar dignamente deste privilégio que é assistir à Santa Missa".*

Certamente que por uma fração de segundo pensei: *"Mas se estou na Graça de Deus, pois acabo de me confessar a noite passada".*

Ela replicou: *"E crês que desde a noite passada não ofendeste ao Senhor? Deixa-me que te recorde algumas coisas. Quando saías para vir aqui, a moça que te ajuda se aproximou para te pedir algo e, como estavas atrasada, com pressa, não respondeste de bom modo.*

*Isso foi uma falta de caridade de tua parte e dizes não ter ofendido a Deus?".*

*"No caminho para cá, um ônibus atravessou o teu caminho, quase se chocando contigo, e te expressaste de modo pouco conveniente contra o pobre homem, em lugar de vires fazendo tuas orações, preparando-te para a Santa Missa. Faltaste com a caridade e perdeste a paz, a paciência. E dizes não ter ferido o Senhor?"*

*"Chegas no último minuto, quando a procissão dos celebrantes está saindo para celebrar a Missa... e vais participar dela sem uma preparação prévia..".*

-Ah, minha Mãe, não me digais mais, não me recordeis mais coisas porque morrerei de pesar e vergonha - respondi.

*"Por que tendes que chegar no último minuto? Deveríeis estar antes para poder fazer uma oração e pedir ao Senhor que envie Seu Espírito Santo, que vos dê um espírito de paz que lance para fora o espírito do mundo, as preocupações, os problemas e as distrações para serdes capazes de viver este momento tão sagrado. Mas chegais quase ao começar da celebração, e participais como se participásseis de um evento qualquer, sem nenhuma preparação espiritual. Por quê? É o maior Milagre, ides viver o momento do maior dom da parte do Altíssimo e não sabeis apreciar".*

Era bastante. Sentia-me tão mal que tive mais do que o suficiente para pedir perdão a Deus, não somente pelas faltas desse dia, mas por todas as vezes em que, como muitíssimas outras pessoas, esperei que terminasse a homilia do sacerdote para entrar na igreja.

Pelas vezes que não soube ou me neguei a compreender o que significava estar ali, pelas vezes que talvez tendo minha alma cheia de pecados mais graves, tinha me atrevido a participar da Santa Missa.

Era dia de Festa e se devia recitar o Glória. Disse Nossa Senhora: - "*Glorifica e bendiz com todo o teu amor à Santíssima Trindade em reconhecimento como Sua criatura*". Como foi diferente aquele Glória! Logo me vi em um lugar distante, cheio de luz ante a Presença Majestosa do Trono de Deus, e com todo amor fui agradecendo ao repetir: "...Senhor Deus, rei dos céus, Deus Pai Todo-Poderoso: nós Vos louvamos, nós Vos bendizemos, nós Vos adoramos, nós Vos glorificamos, nós Vos damos graças por Vossa imensa Glória. (e evoquei o rosto paterno do Pai, cheio de bondade...) Senhor Jesus Cristo, Filho Unigênito, Senhor Deus, Cordeiro de Deus, Filho de Deus Pai..." e Jesus estava diante de mim, com esse Rosto cheio de ternura e Misericórdia: "...Só Vós sois o Santo, só Vós, o Senhor, só Vós, o Altíssimo, Jesus Cristo, com o Espírito Santo..." o Deus do formoso Amor, Aquele que neste momento estremecia todo o meu ser...E pedi: "Senhor, libertai-me de todo mau espírito; meu coração Vos pertence, Senhor meu. Enviai-me Vossa paz para conseguir tirar o melhor proveito desta Missa e que minha vida dê seus melhores frutos. Espírito Santo de Deus, transformai-me, agi em mim, guiai-me. Oh Deus, dai-me os dons de que necessito para Vos servir melhor...!"Chegou o momento da Liturgia da Palavra e a Virgem me fez repetir: "Senhor, hoje quero escutar Vossa Palavra e produzir abundantes frutos, que o Vosso Santo Espírito limpe o terreno de meu coração, para que Vossa Palavra cresça e se desenvolva; purificai meu coração para que esteja bem disposto.

*"Quero que estejas atenta às leituras e a toda a homilia do sacerdote. Recorda que a Bíblia diz que a Palavra de Deus não volta sem ter dado fruto. Se estiveres atenta, ficará algo em ti de tudo o que escutares. Deves tratar de lembrar-te o dia todo essas Palavras que deixaram marca em ti. Serão por vezes duas frases, logo será a leitura inteira do Evangelho, talvez uma só palavra; saboreia o resto do dia e isso ganhará carne em ti porque essa é a forma de transformar a vida, fazendo com que a Palavra de Deus te transforme totalmente". "E agora, diz ao Senhor que estás aqui para escutar o que Ele quiser dizer hoje ao teu coração".*

Novamente agradeci a Deus por me dar a oportunidade de ouvir Sua Palavra e Lhe pedi perdão por ter tido o coração tão duro por tantos anos, e por ter ensinado a meus filhos que deviam ir à Missa aos domingos porque assim a Igreja mandava, não por amor, por necessidade de encher-se de Deus. Eu que havia assistido a tantas Celebrações, mais por compromisso; e com isso acreditava estar salva. Vivê-la, nem sonhar; prestar atenção às leituras e à homilia do sacerdote, muito menos. Quanta dor senti por tantos anos de perda inútil, por minha ignorância! Quanta superficialidade nas Missas a que assistimos porque é um casamento, uma Missa por um defunto ou porque temos que ser vistos com a sociedade! Quanta ignorância sobre nossa Igreja e sobre os Sacramentos! Quanto desperdício em querer instruir-nos e sermos cultos nas coisas do mundo, que em um momento podem desaparecer sem ficarmos com nada, e que no final da vida não nos servem nem para aumentar em um minuto a nossa existência! E, no entanto, daquilo que nos vai dar um pouco do céu na terra, e portanto a vida eterna, nada sabemos. E nos consideramos homens e mulheres cultos!

Um momento depois chegou o Ofertório e a Santíssima Virgem disse "Reza assim: (e eu a acompanhava) «Senhor, eu Vos ofereço tudo o que sou, o que tenho, o que posso, tudo coloco em Vossas mãos. Edificai Vós, Senhor, com o pouco que sou. Pelos méritos de Vosso Filho, transformai-me, Deus Altíssimo. Peço-Vos por minha família, por meus benfeitores, por cada membro de nosso Apostolado, por todas as pessoas que nos combatem, por aqueles que se encomendam às minhas pobres orações... Ensinai-me a pôr meu coração no chão para que o caminhar deles seja menos penoso. >>

Assim rezavam os santos, assim desejo que façais". É que assim pede Jesus, que coloquemos o coração no chão para que os outros não sintam a dureza, mas que os aliviemos com a dor daquele prisão. Anos depois li um livrinho de orações de um Santo a quem muito quero: Josemaría Escrivá de Balaguer – e ali pude encontrar uma oração parecida com a que me ensinava a Virgem. Talvez esse Santo a quem me encomendo agradava à Virgem Santíssima com aquelas orações. Logo começaram a ficar em pé umas figuras que nunca tinha visto antes. Era como se ao lado de cada pessoa que estava na Catedral, saísse outra pessoa, e o lugar se encheu de uns personagens jovens, belos. Vestiam-se com túnicas muito brancas e foram saindo até o corredor central, dirigindo-se para o Altar. Disse nossa Mãe: "Observa, são os Anjos da Guarda de cada uma das pessoas que estão aqui. É o momento em que vosso Anjo da Guarda leva vossas oferendas e pedidos ante o Altar do Senhor."

Naquele momento eu estava completamente assombrada, porque esses seres tinham rostos tão formosos, tão radiantes como não se pode imaginar. Tinham rostos muito lindos, quase femininos, no entanto a compleição de seus corpos, suas mãos, sua estatura, era de homens. Os pés descalços não pisavam o solo, mas era como se deslizassem, escorregassem.

Aquela procissão era muito bonita. Alguns deles tinham como uma fonte de ouro com algo que brilhava muito com uma luz branco-dourada; disse a Virgem: *"São os Anjos da Guarda das pessoas que estão oferecendo esta Santa Missa por muitas intenções, aquelas pessoas que estão conscientes do que significa esta celebração, aquelas que têm algo a oferecer ao Senhor"*.

"Oferecei neste momento..., oferecei vossas penas, vossas dores, vossos sonhos, vossas tristezas, vossas alegrias, vossos pedidos. Lembrai-vos de que a Missa tem um valor infinito, portanto, sede generosos em oferecer e em pedir."Atrás dos primeiros Anjos vinham outros que nada tinham nas mãos, levavam-nas vazias. Disse a Virgem: *"São os Anjos das pessoas que, estando aqui, nunca oferecem nada, que não têm interesse em viver cada momento litúrgico da Missa e não têm oferecimentos para levar ante o Altar do Senhor".*

Por último iam outros Anjos que estavam meio tristonhos, com as mãos unidas em oração mas com os olhos baixos. *"São os Anjos da Guarda das pessoas que, estando aqui, não estão, isto é, das pessoas que vieram forçadas, que vieram por obrigação, mas sem nenhum desejo de participar da Santa Missa. E os Anjos vão tristes porque não têm o quê levar diante do Altar, salvo suas próprias orações."*

*"Não entristeçais o vosso Anjo da Guarda... Pedi muito, pedi pela conversão dos pecadores, pela paz do mundo, por vossos familiares, vossos vizinhos, por aqueles que se encomendam a vossas orações. Pedi, pedi muito, não somente por vós, mas pelos outros."*

*"Lembrai-vos de que o oferecimento que mais agrada ao Senhor é quando ofereceis a vós mesmos como holocausto, para que Jesus, ao descer, vos transforme por Seus próprios méritos. Que tendes a oferecer ao Pai por vós mesmos? O nada e o pecado; mas ao vos oferecer unidos aos méritos de Jesus, esse oferecimento é agradável ao Pai."* Aquele espetáculo, aquela procissão era tão bela, que dificilmente seria comparável a outra.

Todas aquelas criaturas celestes fazendo uma reverência diante do Altar, umas deixando sua oferenda no chão, outras prostrando-se de joelhos com o rosto quase ao solo e, assim que ali chegavam, desapareciam de minha vista. Chegou o momento final do Prefácio e quando a assembleia dizia: *"Santo, Santo, Santo"*, imediatamente tudo o que estava atrás dos celebrantes desapareceu. Do lado esquerdo do senhor Arcebispo para trás, em forma diagonal, apareceram milhares de Anjos, pequenos, Anjos grandes, Anjos com asas imensas, Anjos com asas pequenas, Anjos sem asas, como os anteriores; todos vestidos com umas túnicas como as albas brancas dos sacerdotes ou dos coroinhas.

Todos se ajoelhavam com as mãos unidas em oração e em reverência inclinavam a cabeça. Escutava-se uma música maravilhosa, como se fossem numerosíssimos coros com vozes diferentes e todos diziam em uníssono com o povo: Santo, Santo, Santo... Havia chegado o momento da Consagração, o momento do mais maravilhoso Milagre. Do lado direito do Arcebispo para trás, também em forma diagonal, uma multidão de pessoas vestia túnicas em tons pastel: rosa, verde, azul, lilás, amarelo; enfim, de diferentes cores suaves. Seus rostos também eram luminosos, cheios de alegria, pareciam ter todos a mesma idade. Podia-se ver (e não consigo dizer como) que havia pessoas de diferentes idades, mas todos se assemelhavam nos rostos, sem rugas, felizes.

Todos também se ajoelhavam no canto de *"Santo, Santo, Santo, é o Senhor..."* Disse Nossa Senhora: *"São todos os Santos e Bem-aventurados do céu, e entre eles também estão os vossos antepassados que já gozam da Presença de Deus".* Então eu A vi. Ali justamente à direita do senhor Arcebispo... um passo atrás do celebrante, estava um pouco suspensa acima do solo, ajoelhada sobre tecidos muito finos, transparentes mas luminosos, como água cristalina, a Santíssima Virgem, com as mãos unidas, olhando atenta e respeitosamente para o celebrante.

Falava-me dali, mas silenciosamente, diretamente ao coração, sem olhar para mim. *"Chama a tua atenção o fato de Me ver um pouco atrás do Monsenhor, não é verdade? Assim deve ser... Com todo o amor que Me tem o Meu Filho, não Me deu a dignidade que dá a um sacerdote de poder trazê-Lo em Minhas mãos diariamente, como o fazem as mãos sacerdotais. Por isso sinto tão profundo respeito por um sacerdote e por todo o milagre que Deus realiza através dele, que Me obriga a ajoelhar-Me aqui."*

Deus meu, quanta dignidade, quanta graça derrama o Senhor sobre as almas sacerdotais e nem nós, talvez nem muitos deles estejam conscientes disso! Diante do altar, começaram a sair umas sombras de pessoas de cor cinza que levantavam as mãos para cima.

Disse a Virgem Santíssima: *"São as almas benditas do Purgatório que estão à espera das vossas orações para se refrescarem. Não deixeis de rezar por elas. Pedem por vós, mas não podem pedir por elas mesmas, sois vós que deveis pedir por elas para ajudá-las a sair para encontrarem-se com Deus e Dele gozar eternamente".*

*"Vê, aqui estou o tempo todo... As pessoas fazem peregrinações e procuram os lugares de Minhas aparições, e é bom por todas as graças que ali recebem, mas em nenhuma aparição, em nenhum lugar estou mais tempo presente do que na Santa Missa. Ao pé do Altar onde se celebra a Eucaristia, sempre ireis encontrar-Me; ao pé do Sacrário permaneço com os Anjos, porque estou sempre com Ele".*

Ver esse rosto formoso da Mãe naquele momento do "Santo", igual a todos eles, com o rosto resplandecente, com as mãos juntas à espera daquele milagre que se repete continuamente, era estar no próprio céu. E pensar que há gente, pessoas que ficam nesse momento distraídas, falando... Com pesar digo que há muitos homens, mais do que mulheres, que de pé cruzam os braços como se rendessem homenagem ao Senhor de pé, de igual para igual.

Disse a Virgem: *"Diz ao ser humano, que nunca um homem é mais homem do que quando dobra os joelhos diante de Deus".*

O celebrante disse as palavras da **"Consagração"**. Era uma pessoa de estatura normal, mas imediatamente começou a crescer, a ficar cheio de luz, uma luz sobrenatural entre branca e dourada o envolvia e se fazia muito forte no rosto, de modo que não podia ver seus traços.

Quando elevava a hóstia vi suas mãos e elas tinham umas marcas no dorso, das quais saía muita luz. Era Jesus!... Era Ele que com Seu Corpo envolvia o do celebrante como se rodeasse amorosamente as mãos do senhor Arcebispo. Nesse momento a Hóstia começou a crescer e crescer, enorme, e nela, o Rosto maravilhoso de Jesus olhando para Seu povo.

Por instinto quis baixar a cabeça e Nossa Senhora disse: *"Não baixes os olhos, levanta-os, contempla-O, cruza olhares com Ele e repete a oração de Fátima: Senhor, eu creio, adoro, espero e Vos amo; peço-Vos perdão por aqueles que não creem, não adoram, não esperam e não Vos amam. Perdão e Misericórdia... Agora diz a Ele o quanto O amas, rende homenagem ao Rei dos reis".*

Como disse, parecia que a enorme Hóstia olhava somente para mim, mas soube que assim contemplava cada pessoa, cheio de amor... Logo abaixei a cabeça até ter a testa no chão, como faziam todos os Anjos e bem-aventurados do Céu. Por uma fração de segundo talvez, pensei o que era aquilo, que Jesus tomava o corpo do celebrante e ao mesmo tempo estava na Hóstia que, quando o celebrante baixava, tornava-se novamente pequena. Eu tinha as faces cheias de lágrimas, não podia sair de meu assombro. Imediatamente o Monsenhor disse as palavras da consagração do vinho e, junto com suas palavras, começaram uns relâmpagos no céu e ao fundo. A igreja não tinha teto nem paredes, estava tudo escuro, somente aquela luz brilhante no Altar.

Logo vi, suspenso no ar, Jesus crucificado, da cabeça até a cintura. A haste transversal da cruz estava sustida por umas mãos grandes, fortes. Do meio daquele resplendor se desprendeu uma luzinha como de uma pomba muito pequena e muito brilhante; velozmente, deu uma volta em toda a igreja e foi pousar no ombro esquerdo do senhor Arcebispo que continuava sendo Jesus, porque eu podia distinguir Seus cabelos e Suas chagas luminosas, Seu corpo grande, mas não via Seu Rosto.

Acima, Jesus crucificado estava com o rosto caído sobre o ombro direito. Eu podia contemplar o rosto e os braços machucados e descarnados. Do lado direito tinha uma ferida no peito e saía aos borbotões, para a esquerda sangue e à direita penso que água, mas muito brilhante; eram mais jorros de luz que se iam dirigindo para os fiéis, movendo-se à direita e à esquerda.

Espantava-me a quantidade de sangue que fluía para dentro do Cálice! Pensei que iria transbordar e manchar todo o Altar, mas não caiu uma só gota! Nesse momento, disse a Virgem: "Este é o milagre dos milagres; já te disse, para o Senhor não existe tempo nem distância e, no momento da consagração, toda a assembleia é transportada ao pé do Calvário no instante da crucificação de Jesus". Alguém pode imaginar isso? Nossos olhos não podem ver, mas estamos todos lá, no momento em que O estão crucificando e Ele está pedindo perdão ao Pai, não somente por aqueles que O matam, mas por cada um de nossos pecados: "Pai, perdoai-os, não sabem o que fazem!"

A partir daquele dia, não me importa se me tomam por louca, mas peço a todos que se ajoelhem, que tratem de viver com o coração e toda a sensibilidade de que são capazes, aquele privilégio que o Senhor nos concede.

Quando íamos rezar o Pai Nosso, o Senhor falou pela primeira vez durante a celebração, e disse: "Espero, quero que rezes com a maior profundidade que sejas capaz, e que neste momento, tragas a tua memória a pessoa ou as pessoas que mais mal te hajam feito durante tua vida, para que as abraces junto a teu peito e lhes digas de todo coração: 'Em Nome de Jesus eu te perdoo e te desejo a paz. Em Nome de Jesus te peço perdão e desejo minha paz.' Se essa pessoa merecer a paz, recebê-la-á e lhe fará muito bem; se essa pessoa não for capaz de se abrir para a paz, essa paz voltara ao teu coração.

Mas não quero que recebas e dês a paz a outras pessoas quando não fores capaz de perdoar e sentir essa paz primeiro em teu coração." "Cuidado com o que fazeis" – continuou o Senhor – "Vós repetis no Pai Nosso: perdoai-nos assim como perdoamos a quem nos têm ofendido. Se vós sois capazes de perdoar mas não esquecer, como alguns dizem, estais condicionando o perdão de Deus.

Estais dizendo: perdoa-me somente como eu sou capaz de perdoar, e não mais que isso." Não sei como explicar minha dor, ao compreender o quanto podemos ferir ao Senhor e quanto podemos ferir a nós mesmos com tantos rancores, sentimentos maus e coisas feias que nascem dos complexos e das suscetibilidades. Perdoei, perdoei de coração e pedi perdão a todos os que me haviam machucado alguma vez, para sentir a paz do Senhor. O celebrante dizia: "...dai-nos a paz e a unidade"... e então: "a paz do Senhor esteja convosco..." Imediatamente vi que entre algumas pessoas que se abraçavam (não todas), aparecia uma luz muito intensa; soube que era Jesus e praticamente me atirei para abraçar a pessoa que estava ao meu lado. Pude sentir verdadeiramente o abraço do Senhor nessa luz, era Ele que me abraçava para me dar Sua paz, porque nesse momento eu havia sido capaz de perdoar e de tirar de meu coração toda dor que sentia contra outras pessoas.

É isso o que Jesus quer, compartilhar esse momento de alegria abraçando-nos para desejar-nos Sua Paz. Chegou o momento da comunhão dos celebrantes e voltei a notar a presença de todos os sacerdotes junto ao Monsenhor. Quando ele comungava, disse a Virgem: "Este é o momento de pedir pelo celebrante e por todos os sacerdotes que o acompanham; repete Comigo: Senhor, bendizei-os, santificai-os, ajudai-os, purificai-os, amai-os, cuidai e sustentai-os com Vosso Amor... Lembrai de todos os sacerdotes do mundo, rezai por todas as almas consagradas..." Queridos irmãos, esse é o momento em que devemos pedir porque eles são Igreja, como também somos nós os leigos.

Muitas vezes os leigos exigimos muito dos sacerdotes, mas somos incapazes de rezar por eles, de entender que são pessoas humanas, de compreender e avaliar a solidão que muitas vezes pode rodear um sacerdote. Devemos compreender que os sacerdotes são pessoas como nós e que precisam de compreensão, cuidado, que precisam de afeto, atenção de nossa parte, porque estão dando suas vidas por cada um de nós, como Jesus, consagrando-se a Ele. O Senhor quer que as pessoas do rebanho que Deus lhe recomendou, rezem e ajudem na santificação de seu Pastor.

Algum dia, quando estivermos do outro lado, compreenderemos a maravilha que o Senhor fez ao nos dar sacerdotes que nos ajudem a salvar nossas almas.

As pessoas começaram a sair dos bancos para ir comungar. Havia chegado o grande momento do encontro, da "Comunhão"; o Senhor me disse: *"Espera um momento, quero que observes algo..."* por um impulso interior levantei os olhos até a pessoa que ia receber a comunhão na língua, das mãos do sacerdote. Devo esclarecer que esta pessoa era uma das senhoras de nosso grupo que na noite anterior não tinha conseguido se confessar e o fez naquela manhã, antes da Santa Missa. Quando o sacerdote colocava a Sagrada Forma sobre sua língua, como um flash de luz, aquela luz muito branco-dourada atravessou essa pessoa pelas costas primeiro e foi pelos lados nas costas, nos ombros e na cabeça. Disse o Senhor: *"É assim que Me comprazo em abraçar uma alma que vem com o coração limpo para Me receber*". O tom da voz de Jesus era de uma pessoa feliz. Eu estava atônita vendo essa amiga voltar para seu banco rodeada de luz, abraçada pelo Senhor, e pensei na maravilha que perdemos tantas vezes por ir com nossas pequenas ou grandes faltas receber Jesus, quando deve ser uma festa. Muitas vezes dizemos que não há sacerdotes para confessar-se a todo momento, e o problema está em outro lado: o problema está em nossa facilidade para voltar a cair no mal.

Por outro lado, assim como nos esforçamos para encontrar um salão de beleza ou os senhores um barbeiro quando temos uma festa, temos que nos esforçar também em procurar um sacerdote quando precisamos que tire todas essas coisas sujas de nós, mas não ter a desfaçatez de receber a Jesus em qualquer momento com o coração cheio de coisas feias. Quando me dirigia para receber a comunhão, Jesus repetia: *"A última ceia foi o momento de maior intimidade com os Meus. Nessa hora do amor, instaurei o que diante dos olhos dos homens poderia ser a maior loucura: fazer-me prisioneiro do Amor. Instaurei a Eucaristia. Quis permanecer convosco até a consumação dos séculos, porque Meu Amor não podia suportar que ficassem órfãos aqueles a quem amava mais do que a Minha vida..."*

Recebi aquela Hóstia, que tinha um sabor diferente, era uma mistura de sangue e incenso que me inundou inteira. Sentia tanto amor que me corriam as lágrimas sem poder detê-las...Quando cheguei ao meu banco, ao ajoelhar-me disse o Senhor: "Escuta..." E num instante comecei a escutar dentro de mim as orações de uma senhora que estava sentada à minha frente e que acabava de comungar. O que ela dizia sem abrir a boca era mais ou menos assim:

*"Senhor, lembra-te que estamos no final do mês e que não tenho dinheiro para pagar o aluguel, a mensalidade do automóvel, a escola das crianças, tens que fazer algo para me ajudar... Por favor, faz com que meu marido deixe de beber tanto, não posso suportar mais suas bebedeiras e meu filho menor vai perder o ano outra vez se não o ajudares, ele tem provas nesta semana....... E não te esqueças da vizinha que precisa se mudar de casa, que se mude de uma vez porque eu não a aguento...etc., etc."*

Logo o senhor Arcebispo disse: "Oremos" e obviamente toda a assembleia se pôs de pé para a oração final. Jesus disse em um tom triste: "Percebeste? Nem uma só vez Me disse que Me ama, nem uma só vez agradeceu o dom que lhe fiz de baixar Minha Divindade até sua pobre humanidade, para elevá-la até Mim. Nem uma só vez disse: obrigada, Senhor. Foi uma ladainha de pedidos... e assim são quase todos os que vêm Me receber. *"Morri por amor e estou ressuscitado. Por amor espero a cada um de vós e por amor permaneço convosco..., mas vós não percebeis que preciso de vosso amor. Lembrai que sou o Mendigo do Amor nesta hora sublime para a alma."*

Percebeis que Ele, o Amor, está pedindo nosso amor e não o damos? E mais, evitamos ir a esse encontro com o Amor dos Amores, com o único amor que se dá em permanente oblação.

Quando o celebrante ia dar a bênção, a Santíssima Virgem disse: *"Atenção, cuidado... Vós fazeis um rabisco em lugar do sinal da Cruz. Lembra que esta bênção pode ser a última que recebes em tua vida, das mãos de um sacerdote. Tu não sabes se, saindo daqui, vais morrer ou não, e não sabes se terás a oportunidade de que outro sacerdote te dê uma bênção. Essas mãos consagradas estão te dando a bênção em Nome da Santíssima Trindade, portanto, faz o sinal da Cruz com respeito e como se fosse o último de tua vida."*

Quantas coisas perdemos ao não compreender e não participar todos os dias da Santa Missa! Por que não fazer um esforço de começar o dia meia hora antes para correr à Santa Missa e receber todas as bênçãos que o Senhor quer derramar sobre nós? Estou consciente de que nem todos, por suas obrigações, podem fazê-lo diariamente, pelo menos duas ou três vezes por semana sim, e no entanto tantos se esquivam da Missa do domingo com o pequeno pretexto de que têm uma criança pequena ou duas ou dez e portanto não podem assistir à Missa... Como fazem quanto têm outro tipo de compromissos importantes? Levam todos os filhos ou se revezam e o esposo vai uma hora e a esposa outra hora, mas cumprem o compromisso com Deus. Temos tempo para estudar, para trabalhar, para nos divertir, para descansar, mas **NÃO**

## TEMOS TEMPO PARA IR AO MENOS NO DOMINGO À SANTA MISSA.

Jesus me pediu que ficasse com Ele ainda uns minutos depois de terminada a Missa. Ele disse: *"Não saiais às pressas assim que terminada a Missa; ficai um momento em Minha Companhia, desfrutai dela e deixai-Me desfrutar da vossa..."* Eu tinha ouvido alguém dizer, quando era criança, que o Senhor permanecia conosco até uns 5 ou 10 minutos depois da comunhão. Perguntei a Ele nesse momento:

– Senhor, na verdade, quanto tempo permaneces conosco depois da comunhão? Suponho que o Senhor deve ter rido de minha tolice, pois respondeu: "Todo o tempo que quiseres ter-Me contigo.

Se me falares o dia todo, dedicando-me umas palavras durante tuas tarefas, Eu te escutarei. Eu estou sempre convosco, sois vós que Me deixais. Vós saís da Missa e acabou o dia de guarda, cumpriram a obrigação com o dia do Senhor e fim, não pensais que gostaria de compartilhar de vossa vida familiar, ao menos nesse dia."

*"Vós tendes em vossas casas um lugar para tudo e um cômodo para cada atividade: um para dormir, outro para cozinhar, outro para comer etc. etc. Qual é o lugar que fizestes para Mim? Deve ser um lugar não apenas onde tendes uma imagem que está empoeirada o tempo todo, mas um lugar onde ao menos 5 minutos por dia a família se reúna para agradecer pelo dia, pelo dom da vida, para*

*pedir por suas necessidades do dia, pedir bênçãos, proteção, saúde... Tudo tem um lugar em vossas casas, menos Eu".*

Os homens programam seu dia, sua semana, seu semestre, suas férias, etc. Sabem que dia vão descansar, que dia ir ao cinema ou a uma festa, visitar a avó ou os netos, os filhos, os amigos, suas diversões. Quantas famílias dizem uma vez ao mês, pelo menos: *"Este é o dia em que visitamos Jesus no Sacrário"* e vem toda a família conversar Comigo, sentar-se diante de Mim e conversar Comigo, contar-Me como foram desde a última visita, contar-Me os problemas, as dificuldades que têm, pedir-Me o que precisam... Fazer-Me participar de suas coisas? Quantas vezes? *Eu sei tudo, leio até o mais profundo de vossos corações e mentes, mas Me agrada que Me conteis vós mesmos vossas coisas, que Me participeis como a um familiar, como ao amigo mais íntimo. Quantas graças perde o homem por não Me dar um lugar em sua vida!"*

Quando fiquei aquele dia com Ele e em muitos outros dias, Ele nos passou vários ensinamentos e hoje quero compartilhar convosco nesta missão que me deram. Jesus disse: *"Quis salvar Minha criatura, porque o momento de vos abrir a porta do céu foi concebido com demasiada dor... Lembra que nenhuma mãe alimentou a seu filho com sua carne; Eu cheguei a esse extremo de Amor para vos comunicar meus méritos."*

*"A Santa Missa sou Eu mesmo prolongando a Minha vida e Meu sacrifício na Cruz entre vós. Sem os méritos de Minha vida e de Meu sangue, que tendes*

*para apresentar-vos diante do Pai? O nada, a miséria e o pecado".*

*"Vós deveríeis exceder em virtude aos Anjos e Arcanjos, porque eles não têm a dita de Me receber como alimento, e vós sim. Eles bebem uma gota do manancial, mas vós que tendes a graça de Me receber, tendes todo o oceano para beber."* Outra coisa que o Senhor disse com dor foi sobre as pessoas que fazem de seu encontro com Ele um hábito. Daquelas que perderam o assombro de cada encontro com Ele. Que a rotina torna certas pessoas tão tíbias, que não têm nada novo para dizer a Jesus ao recebê-Lo.

Das não poucas almas consagradas que perdem o entusiasmo de se enamorar pelo Senhor e fazem de sua vocação um ofício, uma profissão à qual não se entregam mais do que lhe é exigido, mas sem sentimento... Depois o Senhor me falou dos frutos que cada comunhão deve dar em nós. É que acontece que há muita gente que recebe o Senhor diariamente e que não muda de vida.

Que tem muitas horas de oração e faz muitas obras etc. etc. Mas sua vida não se vai transformando, e uma vida que não vai se transformando não pode dar verdadeiros frutos para o Senhor. Os méritos que recebemos na Eucaristia devem dar frutos de conversão em nós e frutos de caridade para com nossos irmãos. Os leigos temos um papel muito importante dentro de nossa Igreja, não temos nenhum direito de nos calar diante do envio que o Senhor nos faz, como a todo batizado, para ir anunciar a Boa Nova.

Não temos nenhum direito de absorver todos estes conhecimentos e não os dar aos outros e permitir que nossos irmãos morram de fome tendo conosco tanto pão em nossas mãos. Não podemos ver que nossa Igreja esteja desmoronando, porque estamos cômodos em nossas Paróquias, em nossas casas, recebendo e recebendo tanto do Senhor. Sua Palavra, as homilias do sacerdote, as peregrinações, a Misericórdia de Deus no Sacramento da Confissão, a união maravilhosa com o alimento da comunhão, as palestras destes e daqueles pregadores.

Em outras palavras, estamos recebendo tanto e não temos a coragem de sair de nossas comodidades, de ir a uma prisão, a um instituto correcional, falar ao mais necessitado, dizer-lhe que não se entregue, que nasceu católico e que sua Igreja precisa dele, ali, sofredor, porque essa sua dor vai servir para redimir a outros, porque esse sacrifício vai lhe ganhar a vida eterna.

Não somos capazes de ir onde estão os doentes terminais nos hospitais e, rezando o terço da Divina Misericórdia, ajudá-los com nossa oração nesse momento de luta entre o bem e o mal, para livrá-los das armadilhas e tentações do demônio. Todo moribundo tem medo e, só tomar a mão de um deles e falar-lhe do amor de Deus e da maravilha que o espera no Céu junto a Jesus e Maria, junto aos seus entes queridos que partiram, já os reconforta.

O momento que estamos vivendo não admite filiações com a indiferença. Temos que ser a grande mão dos nossos sacerdotes para ir onde eles não podem chegar. Mas para isso, para ter a coragem, devemos receber Jesus, viver com Jesus, alimentarmo-nos de Jesus.

Temos medo de nos comprometer um pouco mais e, quando o Senhor diz: *"Buscai primeiro o Reino de Deus e tudo o mais lhe será acrescentado"*, é tudo, irmãos! É buscar o Reino de Deus por todos os meios e com todos os meios e... abrir as mãos para receber TUDO por acréscimo; porque é o Patrão que melhor paga, o único que está atento a tuas menores necessidades!

Irmão, irmã, obrigada por me haveres permitido cumprir com a missão que me foi confiada: fazer chegar estas páginas até ti. Na próxima vez que assistires à Santa Missa, vive-a. Sei que o Senhor cumprirá contigo a promessa de que "Nunca mais tua Missa voltará a ser como antes"; e, quando O receberes: Ama-O!

Experimenta a doçura de te sentir repousando entre as dobras de Seu lado aberto por ti, para deixar-te Sua Igreja e Sua Mãe, para te abrir as portas da Casa de Seu Pai, para que sejas capaz de comprovar Seu Amor Misericordioso através deste testemunho e trates de corresponder a ele com teu pequeno amor. Que Deus te abençoe nesta Páscoa da Ressurreição.

*Tua irmã em Jesus Cristo Vivo,*
*Catalina*

# Famílias
# EM ORDEM
# DE BATALHA
## Salve sua família de joelhos

**ANGELVS**
EDITORA

www.anguseditora.com

Este livro foi impresso por
Gráfica Loyola